梁启超 等 著

知行合一
王阳明

中国华侨出版社
·北京·

图书在版编目(CIP)数据

知行合一——王阳明 / 梁启超等著. -- 北京:中国华侨出版社,2019.8(2024.1重印)

ISBN 978-7-5113-7930-6

Ⅰ.①知… Ⅱ.①梁… Ⅲ.①王守仁(1472-1528)—哲学思想—研究 Ⅳ.①B248.25

中国版本图书馆CIP数据核字(2019)第151670号

知行合一——王阳明

著　　者:梁启超等
责任编辑:唐崇杰
封面设计:韩立强
文字编辑:杨　君　黎　娜
美术编辑:刘欣梅
经　　销:新华书店
开　　本:880mm×1230mm　1/32开　印张:8　字数:280千字
印　　刷:河北松源印刷有限公司
版　　次:2019年8月第1版
印　　次:2024年1月第4次印刷
书　　号:ISBN 978-7-5113-7930-6
定　　价:36.00元

中国华侨出版社　　北京市朝阳区西坝河东里77号楼底商5号　　邮编:100028
发 行 部:(010)58815874　　　　传　真:(010)58815857
网　　址:www.oveaschin.com　　E-mail:oveaschin@sina.com

如果发现印装质量问题,影响阅读,请与印刷厂联系调换。

"为天地立心，为生民立命，为往圣继绝学，为万世开太平。"这是宋代大学者张载提出的儒家的道德理想，以此来形容王阳明的一生亦不为过。

王阳明出生于明朝中叶，在那个社会动荡、政治腐败、学术萎靡的时代，他怀着成为圣贤的抱负，以天下苍生为己任，创下了令人瞩目的世功和学说。王阳明生平命运多舛，屡试未中，及第之后入朝为官，在任兵部主事时，因反对刘瑾等宦官为政，被贬谪为龙场的驿丞，后来受朝廷重用，平乱屡建世功，荣封"新建伯"，官至南京兵部尚书。在学术思想方面，他钻研朱熹"格物致知"的儒家思想，对"存天理、去人欲"之说产生了疑惑，认为朱子学说不是真正的圣人之学，"心学"才能解释其中的困惑，从而转学陆九渊的学说，并将其发扬光大。

纵观王阳明的生命历程，虽然一路坎坷，但他世功显赫，学名昭昭，成为中国历史上在立德、立功、立言三方面都有显著作为的大家。中国著名学者郭沫若曾说："王阳明是伟大的精神生活者，他是儒家精神的复活者。"哈佛大学教授杜维明甚至认为，王阳明是近五百年来儒家的源头活水。可见，王阳明在对中国传统儒家文化精神的传承和立新两方面有着重要影响。

王阳明的思想流传千古，响彻中外，不仅张居正、曾国藩、章太炎、康有为等人都从中受益，有着"日本经营之圣"之称的稻盛和夫也将王阳明视为精神偶像，他的经营哲学中无不渗透着王阳明"致良知"的思想。本书收录梁启超、王勉三、马宗荣、胡越四位大师的文章和著作，从不同角度讲述王阳明的生平经历，阐释王阳明的学说精髓。一书在手，既可以了解王阳明颇为传奇的一生，亦可以了解他流传千古、响彻中外的心学思想。

目录

第一篇

知行合一之教

——梁启超 著

第一章　引论

　　现代（尤其是中国的现在）学校式的教育，种种缺点，不能为讳。其最显著者，学校变成"智识贩卖所"，办得坏的不用说，就算顶好的吧，只是一间发行智识的"先施公司"。教师是掌柜的，学生是主顾客人。顶好的学生，天天以"吃书"为职业。吃上几年，肚子里的书装得像蛊胀一般，便算毕业。毕业以后，对于社会上实际情形，不知相去几万里，想要把所学见诸实用，恰与宋儒高谈"井田封建"无异，永远只管说不管做。再讲到修养身心磨炼人格那方面的学问，越发是等于零了。学校固然不注意，即使注意到，也没有人去教。教的人也没有自己确信的方法来应用，只好把他搁在一边拉倒。青年们稍微有点志气，对于自己前途切实打主意的，当然不满意于这种畸形教育，但无法自拔出来，只好自己安慰自己说道，"等我把智识的罐头装满了之后，再慢慢地修养身心以及讲求种种社会实务吧"。其实哪里有这回事？就修养方面论，把"可塑性"最强的青年时代白白过了，到毕业出校时，品格已经成型，极难改进，投身到万恶社会中，像洪炉燎毛一般，拢着边便化为灰烬。就实习方面论，在学校里养成"空腹高心"的习惯，与社会实情格格不入，到底成为一个书呆子，一个高等无业游民完事。青年们啊，你感觉这种苦痛吗？你发现这种危险吗？我告诉你唯一的救济法门，就是依着王阳明"知行合一之教"做去。

知行合一是一个"讲学宗旨"。黄梨洲说:"大凡学有宗旨,是其人之得力处,亦即学者之入门处。天下之义理无穷,苟非定以一二字,如何约之使其在我。"(《〈明儒学案〉发凡》)所谓"宗旨"者,标举一两个字或一两句话头,包举其学术精神之全部。旗帜鲜明,令人一望而知为某派学术的特色。正如现代政治运动社会运动之"喝口号",令群众得个把柄,集中他们的注意力,则成功自易。凡讲学大师标出一个宗旨,他自己必几经实验,痛下苦功,见得真切,终能拈出来,所以说是"其人得力处"。这位大师既已循着这条路,成就他的学问,把自己阅历甘苦指示我们,我们跟着他的路走去,当然可以事半功倍,而得和他相等的结果,所以说是"即学者入门处"。这种"口号式"的讲学法,宋代始萌芽,至明代而极成。"知行合一"便是明代第一位大师王阳明先生给我学术史上留下最有价值的一个口号。

口号之成立及传播,要具备下列各种要素:(一)语句要简单。令人便于记忆,便于持守,便于宣传。(二)意义要明确。"明"谓显浅,令人一望而了解;"确"谓严正,不含糊模棱以生误会。(三)内容要丰富。在简单的语句里头能容得多方面的解释,而且愈追求可以愈深入。(四)刺激力要强大。令人得着这个口号便能大感动,而且积极地向前奋进。(五)法门要直截。依着它实行,便立刻有个下手处,而且不管聪明才力之大小,各各都有个下手处。无论政治运动学术运动文艺运动……凡有力的口号,都要如此。

在现代学术运动所用口号,还有下列两个消极的要素:(一)不要含宗教性。因为凡近于迷信的东西,都足以阻碍我们理性之自发。而且在现代早已失其感动力。(二)不要带玄学性。因为很玄妙的道理,其真价值如何姑勿论,纵使好极,也不过供极少数人高尚娱乐之具，很难得多数人普遍享用。

根据这七个标准，来评定中外古今学术之"宗旨"，即学术运动之口号，我以为阳明"知行合一"这句话，总算最有永久价值而且最适用于现代潮流的了。

阳明所用的口号也不止一个，如"心即理"，如"致良知"，都是他最爱用的。尤其是"致良知"这个口号，他越到晚年叫得越响。此外如"诚意"，如"格物"，都是常用的。骤看起来，好像五花八门，应接不暇，其实他的学问是整个的，是一贯的，翻来覆去，说的只是这一件事。所以我们用"知行合一"这个口号代表他的学术全部，是不会错的，不会遗漏的。

口号须以内容丰富为要素，既如前述。"知行合一"这句话，望过去像很简单，其实里头所含意义甚复杂深邃，所以先要解剖他的内容。

第二章　知行合一说之内容

　　把"知""行"分为两件事，而且认为"知"在先、"行"在后，这是一般人易陷的错误。阳明的知行合一说，即专为矫正这种错误而发。但他立论的出发点，乃因解释《大学》和朱子有异同。所以欲知他学说的脉络，不能不先把《大学》原文做个引子。

　　《大学》说："欲修其身者，先正其心；欲正其心者，先诚其意；欲诚其意者，先致其知，致知在格物。"这几句话教人以修养身心的方法，在我们学术史上含有重大意味。自朱子特别表彰这篇书，把他编作"四书"之首，故其价值越发增重了。据朱子说，这是"古人为学次第"（《大学章句》），要一层一层地做上去，走了第一步才到第二步。内中诚意、正心、修身，是"力行"的功夫；格物、致知，是"求知"的功夫。朱子对于求知功夫看得尤重，他因为《大学》本文对于诚意以下都解释，对于致知格物没有解释，认为是有脱文，于是作了一篇《格致补传》，说道：

　　所谓"致知在格物"者，言欲致吾之知，在即物而穷其理也。盖人心之灵，莫不有知，而天下之物，莫不有理。惟于理有未穷，故其知有不尽也。是以《大学》始教，必使学者即凡天下之物，莫不因其已知之理而益穷之以求致乎其极。至于用力之久而一旦豁然贯通焉，则众物之表里精粗无不到，而吾心之全体大用无不明矣……

　　依朱子这种功法，最少犯了下列两种毛病：一是泛滥无归宿，二是空伪无实着。天下事物如此其多，无论何事何物，若想用科学方法"因其已知之理而益穷之，以求至乎其极"，单一件已够消磨你一生精力了。朱子却是用"即凡天下之物"这种全称名词，试问何年何月才能"即凡"都"穷"过呢？要先做完这段功夫才讲到诚意正心……那么"诚、正、修、齐、治、平"的工作，只好待着转轮再世了，所以结果是泛滥无归宿。况且，朱子所谓"穷理"，并非如近代科学家所谓客观的物理，乃是抽象的徜恍无朕的一种东西，所以他说有"一旦豁然贯通，则表里精粗无不到"那样的神秘境界。其实，那种境界纯是可望而不可即的，或者还是自己骗自己。倘若真有这种境界，那么"豁然贯通"之后，学问已做到尽头，还用得着什么"诚意""正心"等努力，所谓"为学次第"者何在？若是自己骗自己，那么用了一世"格物穷理"功夫，只落得一个空，而且不用功的人，哪个不可以伪托？所以结果是虚伪无实着。

　　阳明那时代，"假的朱学"正在成行，一股"小人儒"都挟着一部《性理大全》作举业的秘本，言行相违，风气太坏。其间一二有志之士，想依着朱子所示法门切实做去，却是前举两种毛病，或犯其一，或兼犯其二，到底不能有个得力受用处。阳明早年固尝为此说所误，阅历许多甘苦，不能有得。① 后来在龙场驿三年，

① 《传习录》黄以方记阳明说："初年与钱友同论做圣贤要格天下之物，如今安得这等大的力量：因指亭前竹子，令去看。钱子早夜去穷格竹子的道理，竭其心思至于三日，便致劳神成疾。当初说他这是精力不足，某因自去穷格，早夜不得其理。到七日，亦以劳思致疾，遂相与叹圣贤是做不得的，无他大力量去格物了。"观此知阳明曾犯过泛滥无归宿的病。

　　又《文集·答季明德书》云："若仁之不肖，亦常陷溺于其间者几年，怅怅然自以为是矣。赖天之灵偶有悟于良知之学，然后悔其向之所为者，固包藏祸机，作伪于外而心劳日拙者也……"观此知阳明曾犯过虚伪无着落的病。

劳苦患难，九死一生，切实体验，才发明这"知行合一之教"。

　　"知行合一"这四个字，阳明终身说之不厌。一部《王文成公全书》，其实不过这四个字的注脚。今为便于学者记忆持习起见，把他许多话头分成三组，每组拈出几个简要的话做代表。

　　第一组：未有知而不行者，知而不行只是未知。（《传习录·徐爱记》）

　　第二组：知是行的主意，行是知的功夫。知是行之始，行是知之成。（同上）

　　第三组：知行原是两个字说一个功夫，知之真切笃实处便是行，行之明觉精察处便是知。（《文集·答友人问》）

　　第一组的话是将"知""行"的本质做合理的解剖说明。阳明以为，凡人有某种感觉，同时便起某种反应作用。反应便是一种行为，感觉与反应，同时而生，不能分出个先后。他说：

　　《大学》指出个真知行与人看，说"如好好色""如恶恶臭"。见好色属知，好好色属行。只见那好色时，已自好了。不是见了后，又立个心去好。闻恶臭属知，恶恶臭属行。只闻那恶臭时，已自恶了。不是闻了后，别立个心去恶。如鼻塞人虽见恶臭在前，鼻中不曾闻得，便亦不甚恶，亦只是不曾知臭。……（《传习录·徐爱记》）[①]

　　这段譬喻，说明"知""行"不能分开，可谓深切著明极了。然犹不止此，阳明以为感觉（知）的本身，已是一种事实，而这

---

①《大学》"如好好色""如恶恶臭"两句话是解释"诚意"的，阳明却说他"指出个真知行"，盖阳明认为致知为诚意的功夫，诚意章所讲即是致知的事，故无需再做《格致补传》也。此乃阳明学术脉络关键所在，勿轻轻看过。

种事实早已含有行为的意义在里头。他说:

> 又如知痛,必已自痛了方知痛;知寒,必已自寒了;知饥,必已自饥了。知行如何分得开?此便是知行的本体,不曾有私意隔断的①。必要是如此,方可谓之知,不然只是不曾知。(同上)

常人把"知"看得太轻松了,所以有"非知之艰,行之惟艰"一类话(案:这是伪《古文尚书》语)。徐爱问阳明:

> 今人尽有知得父当孝、兄当弟者,却不能孝、不能弟,便是"知"与"行"分明两件事。阳明答道:如称某人知孝,某人知弟,必是其人已曾行孝行弟,方可称他知孝知弟。不成只是晓得说些孝弟的话,便可称为知孝知弟。(同上)

譬如现在青年们个个都自以为知道爱国,却是所行所为,往往与爱国相反。常人以为他是知而不行,阳明以为他简直未知罢了。若是真知到爱国滋味和爱他恋人一样(如好好色),绝对不会有表里不如一的,所以得着"知而不行,只是不知"的结论。阳明说:"知行之体本来如是,非以己意抑扬其间,姑为是说,以苟一时之效也。"(《答顾东桥书》)

第二组的话是从心理历程上看出,"知""行"是相倚相待的,正如车之两轮,鸟之双翼,缺了一边,那一边也便不能发生作用了。凡人做一件事,必须先打算去做,然后会着手做。去打算便是"知",便是"行"的第一步骤。换一面看,"行"是行个什么?不过把所打算的实现出来,非到做完这件事时候,最初的打算不会完成。

---

①此文虽说"知行本体",其实阳明所谓本体专就"知"言,即所谓"良知"是也。但他既已把"知""行"认为一事,"知"的本体也即"行"的本体,所以此语亦无病。又阳明是主张性善说的,然则恶从哪里来呢?他归咎于私意隔断,此是阳明学说重大关目,详见第四章。

然则"行"也只是贯彻所知的一种步骤。阳明观察这种心理历程，把他分析出来，说道："知是行的主意，行是知的功夫。知是行之始，行是知之成。"当时有人问他道："如知食乃食，知路乃行，未有不见是物，而先有是事者？"阳明答道：

夫人必有欲食之心，然后知食，欲食之心即是意，即是行之始矣。食味之美恶，必待入口而后知，岂有不待入口而已先知食味之美恶者邪？必有欲行之心然后知路，欲行之心即是意，即是行之始矣。路途之险夷，必待身亲履历而后知，岂有不待身亲履历而已先知路途之险夷者邪？（《答顾东桥书》）

现在先解释"知是行的主意""知是行之始"那两句。阳明为什么和人辩论"知"字时却提出"意"字来呢？阳明以为，作为我们所有一切知觉，必须我们的意念涉着于对境的事物终能发生[1]。离却意念而知觉独立存在，可谓绝对不可能的事。然则说我们知道某件事，一定要以我们的意念涉着到这件事为前提。意念涉着是知的必要条件，然则意即是知的必需成分。意涉着事物方会知，而意生涉着那事物便是行为的发轫。这样说来，"知是行之始"无疑了。由北京去南京的人，必须知有南京，原是不错。为什么知有南京必是意念已经涉着到南京？涉着与知，为一刹那间不可分离的心理现象，说他是知，可以；说他是行的第一步，也可以。因为意念之涉着不能不认为行为之一种。

再解释"行是知的功夫""行是知之成"那两句。这两句较上两句尤为重要，阳明所以苦口说个知行合一，其着眼实在此点。我们的知识从哪里得来呢？有人说，从书本上可以得来；有人说，

――――――――――

① 参看第三章。

9

从听讲演或谈论可以得来；有人说，用心冥想可以得来。其实都不对，真知识非实地经验之后是无从得着的。你想知道西湖风景如何，读尽几十种《西湖游览志》便知道吗？不。听人讲游西湖的故事便知道吗？不。闭目冥想西湖便知道吗？不。你要真知道，除非亲自游历一回。常人以为我做先知后行的功夫，虽未实行，到底不失为一个知者。阳明以为这是绝对不可能的事。他说：

今人却将知行分作两件去做，以为必先知了然后能行。我如今且去讲习讨论做知的功夫，待知得真了方去做行的功夫，故遂终身不行，亦遂终身不知。此不是小病痛。(《传习录·徐爱记》)

这段话，现在学校里贩卖智识的先生们和购买智识的学生们听了不知如何。你们岂不以为"我的学问虽不曾应用，然而已经得着智识，总算不白费光阴"吗？依阳明看法，你们卖的买的都是假货，因为不曾应用的智识绝对算不了智识。方才在第一组所引的话："未有知而不行者，知而不行，只是不知。"今我不妨阳明之意，套前调补充几句："未有不行而知者，不行而求知，终究不会知。"这样说来，我们纵使以求知为目的，也不能不以力行为手段，很明白了。所以说"行是知的功夫"，又说"行是知之成"。

《中庸》说："博学之，审问之，慎思之，明辨之，笃行之。"后人以为学问思辨属知的方面讲，末句才属行的方面讲，阳明以为错了。他说：

夫问思辨行所以为学，未有学而不行者也。如学孝则必服劳奉养躬行孝道而后谓之学，岂徒悬空口耳讲说而遂可以谓之学孝乎？学射则必张弓挟矢引满中的，学书则必伸纸执笔操觚染翰。尽天下之学，无有不行而可以言学者，则学之始固已即是行矣。……学之不能无疑则有问，问即学也，即行也。又不能无疑则有思有辨，思辨即学也，即行也。……非谓学问思辨之后而始措之于行也，是故以求能其事而言谓之学，以求辨其义而言谓之问，以求通其理而言谓之思，以求精其察而言谓之辨，以求履其实而言谓之行。盖析其功而言则有五，合其事而言则一而已。（《答顾东桥书》）

又说：

凡谓之行者，只是着实去做这件事。若着实做学问思辨的功夫，则学问思辨亦便是行矣。学是学做这件事，问是问做这件事，思辨是思辨做这件事，则行亦便是学问思辨矣。若谓学问思辨了然后去行，却如何悬空去学问思辨？行时又如何去得个学问思辨的事？（《文集·答友人问》）

据这两段话，拿行来概括学问思辨也可以，拿学来概括思辨行也可以。总而言之，把学和行打成一片，横说竖说都通。若说学自学，行自行，那么，学也不知是学个什么，行也不知是行个什么了。

有人还疑惑，将行未行之前，总须要费一番求知的预备功夫，才不会行错，问阳明道："譬之行道者，以大都为所归宿之地，行道者不辞险阻艰难，决意向前。如使此人不知大都所在而泛焉欲往可乎？"阳明答道：

夫不辞险阻艰难而决意向前，此正是"诚意"。审如是，则其所以问道途具资斧戒舟车，皆有不容已者。不然，又安在其为决意向前，而亦安所前乎？夫不知大都所在而泛然欲往，则亦欲往而已，未尝真往也。惟其欲往而未尝真往，是以道途之不问，资斧之不具，舟车之不戒。若决意向前，则真往矣。真往者能如是

乎！此是功夫切要处，试反求之。(《答王天宇第二书》)

又有人问："天理人欲，知之未尽，如何用得克己功夫？"阳明答道：

若不用克己功夫，天理私欲，终不自见。如走路一般，走得一段，方认得一段，走到歧路处，有疑便问，问了又走，方才能到。今于已知之天理不肯存，已知之人欲不肯去，只管愁不能尽知，闲讲何益？(《传习录·陆澄记》)

这些话都是对于那些借口智识未允便不去实行的人痛下针砭，内中含有两种意思。其一，只要你决心实行，则智识虽缺少些也不足为病，因为实行起来，便逼着你不能不设法求智识，智识也便跟着来了，这便是"知是行之始"的注脚。其二，除了实行外，再没有第二条路得着智识。因为智识不是凭空可得的，只有实地经验，行过一步，得着一点，再行一步，又得一点，一步不行，便一点不得。这便是"行是知之成"的注脚。

统观前两组所说这些话，知行合一说在理论上如何能成立，已大略可见了。照此说来，知行本体既只是一件，为什么会分出两个名词？古人教人为学为什么又常常知行对举呢？关于这一点的答辩，我们编在第三组。阳明说：

知行原是一个字说两个功夫，这一个功夫，须着此两个字，方说得完全无弊。(《文集·答友人问》)

又说：

知之真切笃实处即是行，行之明觉精察处即是知。知行功夫本不可离，只为后世学者分作两截用功，失却知行本体，故有合一并行之说，真知即所以为行，不行不足谓之知。(《答顾东桥书》)

又说：

行之明觉精察处便是知，知之真切笃实处便是行。若行而不能精察明觉，便是冥行，便是学而不思则罔，所以必须说个知。知而不能真切笃实便是妄想，便是思而不学则殆，所以必须说个行。原来只是一个功夫，古人说知行皆是就一个功夫上补偏救弊，不似今人分作两件事做。（《文集·答友人问》）

又说：

若令得时，只说一个知，已自有行在。只说一个行，已自有知在。古人所以既说一个知又说一个行者，只为世间有一种人懵懵懂懂任意去做，全不解思惟省察，也只是个冥行妄作，所以必说个知方才行得是。又有一种人茫茫荡荡悬空去思索，全不肯着实躬行，也只是揣摸影响，所以必说一个行方知得真。……今若知得宗旨时，即说两个亦不妨，亦只是一个。若不会宗旨，便说一个亦济得其事，只是闲说话。（《传习录·徐爱记》）

以上几段话，本文很明白，毋庸再下解释。我们读此可以知道阳明所以提倡知行合一论者，一面因为"知行之体本来如此"，一面也是针对末流学风"补偏救弊"的作用。我们若想遵从其教得个着力处，只要从真知真行上切实下功夫。若把他的话只当作口头禅，虽理论上辨析得很详尽，却又堕于"知而不行只是不知"的痼疾，非复阳明本意了。

然则阳明所谓真知真行到底是什么呢？关于这一点，我打算留待第四章"知行合一与致良知"时再详细说明。试拿现代通行的话说个大概，则"动机纯洁"四个字，庶几近之。动是行，所以能动的机括是知，纯是专精不疑二；洁是清醒不受蔽。质而言之，在意念隐微处（即动机）痛切下功夫。如孝亲，须把孝亲的动机养得十二分纯洁，有一点不纯洁处务要克治去。如爱国，须把爱国的动机养得十二分纯洁，有一点不纯洁处务要克治去。纯洁不纯洁，自己的良知当然会看出，这便是知的作用。看出后登时绝对地服从良知命令做去，务要常常保持纯洁的本体。这便是行的作用。若能如此自能"好善如好好色，恶恶如恶恶臭"，便是大学诚意的全功，也即是正心修身致知格物的全功。所以他说，"君子之学诚意而已矣"（《答王天宇书》），意便是动机，诚是务求纯洁。阳明知行合一说的大头脑，不外如此。他曾明白宣示他的立言宗旨道：

> 今人只因知行分作两件，故有一念发动，虽是不善，然却未曾行，便不去禁止。我今说个知行合一，正要人晓得一念发动处便即是行了。……须要彻根彻底不使那一念潜伏在胸中，此是我立言宗旨。（《传习录·黄直记》）

他说"杀人须在咽喉处着刀，为学须在心髓入微处用力"（《答黄宗贤第五书》）。他一生千言万语，说的都是这一件事。而其所以简易直接，令人实实落落得个下手处，亦正在此。

于是我们所最要知道的，是阳明对于一般人所谓"智识"者，其所采态度如何，是否有轻视或完全抹杀的嫌疑？现在要解决这问题作为本章的结论。

阳明排斥书册上智识、口耳上的智识，所标态度，极为鲜明。他说：

> 后世不知作圣之本，却专去知识才能上求圣人，弊精竭力，从册子上钻研，名物上考察，形迹上比拟，知识愈广，而人欲愈滋，人力愈多，而大理愈蔽。……（《传习录·薛侃记》）

从这类话看来，阳明岂不是认智识为不必要吗？其实不然。

他不是不要智识，但以为"要有个头脑"（《传习录·徐爱记》）。头脑①是什么呢？我们叫他做诚意亦可以，叫他做致良知亦可以，叫他做动机纯洁亦可以。若没有这头脑，智识愈多愈坏。譬如拿肥料去栽培恶树的根，肥料越下得多，他越畅茂，四旁嘉谷越发长不成了（《传习录·陆澄记》）。有了头脑之后，智识当然越多越好。但种种智识，也不消费多大的力，自然会得到，因为他是头脑发出来的条件。有人问："如事父母其间温凊定省之类，有许多节目，不知亦须讲求否？"阳明答道：

如何不讲求？只是有个头脑。……此心若是个诚于孝亲的心，冬时自然思量父母的寒，便自要去求做温的道理；夏时自然思量父母的热，便自要去求个凊的道理。这都是那诚孝的心发出来的条件，却是须有这诚孝的心，然后有这条件发出来。譬之树木，诚孝的心便是根，许多条件便是枝叶。须先有根然后有枝叶，不是先寻了枝叶然后去种根。（《传习录·徐爱记》）

智识是诚心发出来的条件，这句话便是知行合一论的最大根据了。然而条件是千头万绪千变万化的，有了诚心（即头脑），碰着这件事，自然会讲求这件事，走到那步，自然会追求前一步。若想在实行以前或简直离开实行而泛泛然去讲习讨论那些条件，那么，在这千头万绪千变万化中，从哪里讲习起呢？阳明关于此点，有最明快的议论，说道：

夫良知之于节目事变，犹规矩尺度之于方圆长短也。节目事变不可预定，犹方圆长短之不可胜穷也。故规矩诚立，则不可欺

---

①此是囊括《传习录》中语。原文"所谓头脑者"，谓"只是就此心去人欲存天理"，意思只是要动机纯洁。今易其语，俾易了解。

以方圆，而天下之方圆不可胜用矣。尺度诚陈，则不可欺以长短，而天下之长短不可胜用矣。良知诚致，则不可欺以节目事变，而天下之节目事变不可胜应矣。毫厘千里之谬，不于吾心良知一念之微而察之，亦将何所用其学乎？是不以规矩而欲定天下之方圆，不以尺度而欲尽天下之长短，吾见其乖张谬戾，日劳而无成也已。（《答顾东桥书》）

这段话虽然有点偏重主观的嫌疑，但事实上我们对于应事接物的智识，如何才合理，如何便不合理，这类标准，最终不能以主观的良知为判断。此亦事之无可如何者，即专以求知的功夫而论，我们也断不能把天下一切节目事变都讲求明白才发手去做事。只有先打定主意诚诚恳恳去做这件事，自然着手之前逼着做预备智识功夫。着手之后，一步一步地磨炼出智识来。正所谓"知是行之始，行是知之成"也。今请更引阳明两段话以结本章：

良知不由见闻而有，而见闻莫非良知之用。故良知不滞于见闻，而亦不离于见闻。……大抵学问功夫，只要主意头脑是当。若主意头脑专以致良知为事，则凡多闻多见，莫非致良知之功。（《答欧阳崇一书》）

君子之学，何尝离去事为而废论说，但其从事为论说者，要皆知行合一之功。正所以致其本心之良知，而非若世之徒事口耳谈说以为知者，分知行为两事，而果有节目先后之可言也。（《答顾东桥书》）

第三章　知行合一说在哲学上的根据

知行合一，本来是一种实践的工作，不应该拿来在理上播弄。用哲学家谈玄的头脑来讨论这个问题，其实不免有违反阳明本意的危险（后来王学末流，其真相正犯此弊）。但是凡一个学说所以能成立光大，不能不有极深远极强固的理由在里头。我们想彻底了解知行合一说之何以能颠扑不破，当然不能不推求到他在哲学上的根据。

阳明在哲学上有极高超而且极一贯的理解。他的发明力和组织力，比朱子和陆子都强。简单说，他是一位极端的唯心论者，同时又是一位极端的实验主义者。从中国哲学史上看，他一面像禅宗，一面又像颜习斋；从西洋哲学史上看，他一面像英国的巴克黎，一面又像美国的詹姆士。表面上像距离很远的两派学说，他能冶为一炉，建设他自己一派极圆融极深切的哲学，真是异事。

阳明的知行合一说，是从他的"心理合一说""心物合一说"演绎出来的。拿西洋哲学的话头来讲，可以说他是个绝对的一元论者。"一"者何？即"心"是也。他根据这种唯心的一元论，于是把宇宙万有都看成一体，把圣贤多少言语都打成一片。所以他不但说知行合一而已，什么都是合一。孟子说："夫道一而已矣。"他最喜欢引用这句话。①

---

① 《传习录》下卷："又问：圣贤言语许多，如何却要打做一个？（阳明）曰：不是我要打做一个，如曰'夫道一而已矣'，又曰'其为物不二，则其生物不测'。天地圣人皆是一个，如何二得？"

他的"心理合一说""心物合一说"，是从解释《大学》引申出来。我们要知道他立论的根源，不能不将《大学》本文细释。《大学》说："欲修其身者先正其心，欲正其心者先诚其意。"这两句没有什么难解，但下文紧接着说："欲诚其意者先致其知，致知在格物。"这两句却真费解了。诚意是属于意志方面的，致知是属于智识方面的，其间如何能发生密切的联络关系？说欲意志坚强（欲诚其意）先要智识充足（先致其知），这话如何讲得去？朱子添字解经说格物是"穷至事物之理"，想借一理字来做意与知之间一个联锁，于是"致知在格物"改成"致知在穷理"，格物是否可以作穷理解？另一问题，若单就"致知在格物"一句下解释，则朱子所谓"惟理有未穷，故其知有不尽"原未尝不可以自成片段。所最难通者，为什么想要诚意必先得穷理，理穷之后意为什么便会诚，这两件事无论如何总拉不拢来。所以朱子教人有两句重要的话："涵养须用敬，进学则在致知。"上句是诚正的功夫，下句是格致的功夫。换句话说，进学是专属于求知识方面，与身心之修养无关系，两者各自分道扬镳。对于《大学》所谓"欲什么先什么，欲什么先什么"那种层累一贯的论法，不独理论上说不通，连文义上也说不通了。

阳明用孟子"良知"那两个字来解释《大学》的"知"字。良知是"不学而能"的，即是主观的"是非之心"，"欲诚其意者必先致其有是非之心的良知"。这样一来，诚意与致知确能生出联络关系了，却是"致知在格物"那一句又解不通。若如旧说解格物为"穷至事物之理"，则主观的良知与事物之理又如何能有直接关系呢？欲对于此点得融会贯通，非先了解阳明的"心物合一论"不可。阳明说：

要知身心意知物是一件。问："物在外，如何与身心意知是一件？"答："耳目口鼻四肢，身也。非心安能视听言动。心欲视听言动，无耳目口鼻四肢亦不能。故无心则无身，无身则无心，但指其充塞处言之谓之身，指其主宰处言之谓之心，指心之发动处谓之意，指意之灵明处谓之知，指意之涉着处谓之物。只是一件，意未有悬空的必着事物……"（《传习录·陈惟濬记》）

又说：

身之主宰便是心，心之所发便是意，意之本体便是知，意之所在便是物。（《传习录·徐爱记》）

又说：

心者身之主也，而心之虚灵明觉，即所谓本然之良知也。其虚灵明觉之良知感应而动者谓之意，有知而后有意，无知则无意矣，知非意之本体乎？意之所用必有其物，物即事也。如意用于事亲，即事亲为一物；意用于治国，则治国为一物；意用于读书，即读书为一物；意用于听讼，则听讼为一物。凡意之所在，无有无物者……（《答顾东桥书》）

又说：

目无体，以万物之色为体；耳无体，以万物之声为体……心无体，以天地万物感应之是非为体。（《传习录·黄省曾记》）

现在请综合以上四段话来下总解释。阳明主张"身、心、意、知、物是一件"，这句话要分两步解剖才能说明。第一步从生理学、心理学上说明身心意知如何会是一件，第二步从伦理学上或认识论上说明主观的身心意知和客观的物如何会是一件。先讲第一步，身与心骤看来像是两件，但就生理和心理的关系稍微按实一下，则"耳目口鼻四肢非心不能视听言动，心欲视听言动，离却耳目口鼻四肢亦不能"。这是极易明之理,一点破便共晓了。心与意的关系"心之发动便是意",这是人人所公认,不消下解释。比较难解的是意与知的关系。"意之本体便是知"这句话,是阳明毕生学问大头脑。他晚年倡"良知即本体"之论,不外从此语演进出来。他所郑重说的"有知即有意,无知即无意"这两句话,我们试内省心理历程,不容我不首肯,然而知为意的本体亦无可疑了。阳明把生理归纳到心理上,再把心理的动态集中到意上,再追求他的静态发现出知为本体,于是"身心意知是一件"的理论完全成立了。再讲第二步,主观的心和客观的物各自独立,这是一般人最易陷的错误。阳明解决这问题,先把物字下广义的解释,所谓物者不专限于有形物质,连抽象的事物如事亲治国读书等凡我们认识的对象都包括在里头,而其普遍的性质是"意之所在""意之涉着处"。再回头来看心理状态即"意之所在所涉,未有无物者""意不能悬空发动,一发动便涉着到事物",层层推剥不能不归到"心无体以万物之感应为体"的结论。然则从心理现象观察,主观的心不能离却客观的物即单独存在,较然甚明。这是从心的方面看出心物合一。

翻过来从物理上观察,也是得同一的结论。阳明以为"心外无物"(《答王纯甫书》),又说:"有是意即有是物,无是意即无是物矣。"(《答顾东桥书》)有人对于他这句话起疑问,他给他以极有趣的回答。《传习录》记道:

先生游南镇,一友指岩中花树问曰:"天下无心外之物,如此花树,在深山中,自开自落,于我心亦何相关?"先生曰:"尔未看此花时,此花与尔心同归于寂;尔来看此花时,则此花颜色一时明白起来,便知此花不在尔的心外。"(《传习录·黄省曾记》)

又说：

我的灵明，便是天地鬼神的主宰。天没有我的灵明，谁去仰仗他高？地没有我的灵明，谁去俯他深？鬼神没有我的灵明，谁去辨他吉凶灾祥？天地鬼神万物，离却我的灵明，便没有天地鬼神万物了。我的灵明，离却天地鬼神万物，亦没有我的灵明。今看死的人，他的天地万物尚在何处？（《传习录·黄直记》）

《中庸》说"不诚无物"，孟子说"万物皆备于我"，这些话都是"心外无物论"的先锋，但没有阳明说得那样明快。他所说"你未看此花时，此花与你同归于寂"，又说"死了的人，他的天地万物在何处"，真算得彻底的唯心派论调。这类理论和譬喻，西洋哲学史上从黑格尔到罗素，打了不少笔墨官司，今为避免枝节起见，且不必详细讨论。总之凡不在我们意识范围内的物（即阳明所谓意念不涉着者），最多只能承认他有物理学上、数理学上或几何学上的存在，而不能承认他有伦理学上或认识论上的存在，显然甚明。再进一步看，物理学数理学几何学的本身，能离却人类的意识而单独存在吗？断断不能。例如一个等边三角形，有人说，纵使亘古没有人理会他，他毕竟是个等边三角，殊不知若亘古没有人理会时，便连"等边三角"这个名词先自不存在，何有于"他"？然则客观的物不能离却主观的心而单独存在，又至易见了，这是从物的方面看出心物合一。

还有应该注意者，阳明所谓物者，不仅限于自然界的物质物形物态，他是取极广义的解释。凡我们意识的对境皆谓之物，所以说"意用于事亲即事亲为一物，意用于治国读书听讼等则此等皆为一物"，这类物为构成我们意识之主要材料，更属显然。总而言之，有客观方有主观，同时亦有主观方有客观。因为主观的意不涉着到客观的物时，便失其作用，等于不存在。客观的物不为主观的意所涉着时，便失其价值，也等于不存在。"心物合一说"之内容大观如此。

这种"心物合一说"在阳明人生哲学上得着一个什么的结论呢？得的是"人我一体"的观念，得的是天地万物一体的观念。他说：

夫人者天地之心，天地万物，本吾一体者也。（《答聂文蔚书》）

又说：

大人者，以天地万物为一体者也，其视天下犹一家，中国犹一人焉。若夫间形骸而分尔我者小人矣。（《〈大学〉问》）①

这些话怎么讲呢？我们开口说"我"，什么是"我"？当然不专指七尺之躯，当然是认那为七尺之躯之主宰的心为最主要的成分。依阳明看法，心不能单独存在，要靠着有心所对象的"人"，要靠着有心所对象的"天地万物"。把人和天地万物剔开，心便没有对象，没有对象的心，我们到底不能想象他的存在。心不存在，"我"还存在吗？换句话说，人们和天地万物们便是构成"我"的一部分原料，或者还可以说是唯一的原料，离却他们，"我"便崩坏，他们有缺憾，"我"也便有缺憾。所以阳明说：

大人之能以万物为一体也，非意之也，其心之仁本若是，岂惟大人，虽小人之心亦莫不然。彼愿自小之耳，是故见孺子之入井而必有怵惕恻隐之心焉，是其心与孺子为一体也，孺子犹同类者也。见鸟兽之哀鸣觳觫而必有不忍之心焉，是其心与鸟兽为一

①《传习录·卷下》有"草木瓦石皆有良知"之说，语颇诞谲。细看《阳明全集》，他处并不见有此说，或者即因《〈大学〉问》此段，门人推论而失其意欤？《传习录·卷下》……尤其是末数页，语多不醇，刘蕺山黄梨洲已有辩证。

体也，鸟兽犹有知觉也。见草木之摧折而必有悯恤之心焉，是其心与草木为一体也，草木犹有生意也。见瓦石之毁坏而必有顾惜之心焉，是其心与瓦石为一体也……（《〈大学〉问》）

前文所述"心物合一说"之实在体相，骤看来似与西洋之唯心论派或心物平行论派之争辩此问题同一步调，其实不然。儒家道术根本精神，与西洋哲学之以"爱智"为出发点者截然不同。虽有时所讨论之问题若极玄妙，而其归宿实不外以为实践道德之前提，而非如西方哲人借此为理智的娱乐工具。凡治儒家学说者皆当作如是观，尤其治阳明学者更不可不认清此点也。阳明所以反复说明心物合一之实相，不外欲使人体验出物我一体之真理而实有诸己。他以为人类一切罪恶，皆由"间形骸分尔我"的私见演生出来，而这种私见，实非我们心体所本有。"如明目之中而翳之以尘沙，聪耳之中而塞之以木楔，其疾痛郁逆，将必速去之为快，而何能忍于时刻。"（《答南元善书》）所以他晚年专提致良知之教，说"良知见得亲切时，一切功夫都不难"（《与黄宗贤书》）。又常说"良知是本体，做学问须从本体得着头脑"（屡见《传习录》及文集）。

所谓良知本体者，如目之本明，耳之本聪，若被私见（即分尔我的谬见）隔断点污时，正如翳目以沙，塞耳以楔。所以只须见得本体亲切，那么，如何去沙拔楔，其功夫自迫切而不能自已。所谓好善如好好色，恶恶如恶恶臭，必如是方能自谦。阳明教人千言万语，只是归着到这一点。盖良知见得亲切时，见善自能如目之见好色，一见着便不能不好；见恶目能如鼻之闻恶臭，一闻着便不能不恶。我们若能确实见得物我一体的实相，其所见之明白，能与见好色闻恶臭同一程度，那么，更如何能容得"分尔我"

的私见有丝毫之存在呢？因为"吾心与孺子为一体"，所以一见孺子入井，良知立刻怵惕恻隐，同时便立刻援之以手。因为吾心与国家为一体，所以爱国如爱未婚妻，以国之休戚利害为己之休戚利害，这不是"知之真切笃实处便是行"吗？哲理上的"心物合一论"所以实践上归宿到"知行合一论"者在此。

以下更讲他的"心理合一论"，既已承认心物合一，理当然不能离心物而存在，本来可以不必再说心理合一，阳明所以屡屡论及此，而且标"心即理"三字为一种口号者，正为针对朱子"天下之物莫不有理"那句话而发。原来这个问题发生得很早，当孟子时，有一位告子，标"仁内义外"之说，以为事物之合理不合理，其标准不在内的本心而在外的对境。孟子已经把他驳倒了。朱子即物穷理之教，谓理在天下之物，而与"吾心之灵"成为对待，正是暗袭告子遗说，所以阳明力辟他，说道：

朱子所谓格物云者，在"即物而穷其理"。即物穷理，是就事事物物上求其所谓定理者也，是以吾心而求理于事事物物之中，析心与理而为二矣。夫求理于事事物物者，如求孝之理于其亲之谓也。求孝之理于吾亲，则孝之理其果在于吾之心耶？抑果在于亲之身耶？假而在于亲之身，则亲没之后吾心遂无孝之理欤？见孺子入井，必有恻隐之理……其或不可以从之于井欤？其或可以手而援之欤？是皆所谓理也。是果在于孺子之身欤？抑果出于吾心之良知欤？以是例之，万事万物之理，莫不皆然，是可以知析心与理为二之非矣。（《答顾东桥书》）

平心论之，"就事事物物上求其所谓定理"，并非不可能的事，又并非不好的事。全然抛却主观，而以纯客观的严正态度研求物理，此正现代科学所由成立。科学初输入中国时，前辈译为"格致"，正是用朱子之说哩。虽然此不过自然界之物理为然耳。科学所研究之自然界物理，其目的只要把那件物的原来样子研究得正确，不发生什么善恶价值问题，所以用不着主观，而且容不得主观。若夫人事上的理——即吾人应事接物的条理，吾人须评判其价值，求得其妥当性——即善亦即理，以为取舍从违之标准。所谓妥当不妥当者，绝不能如自然界事物之含有绝对性而常为相对性。然则离却吾人主观所谓妥当者，而欲求客观的妥当于事物自身，可谓绝对不可能的事。况且朱子解的是《大学》，《大学》格致功夫，与诚意紧相衔接，如何能用自然科学的研究法来比附？阳明说：

先儒解格物为"格天下之物"。天下之物，如何格得尽？且谓"一草一木亦皆有理"，今如何去格？纵格得草木来，如何反来诚得自家的意？（《传习录·黄以方记》）

然则《大学》所谓"物"，一定不是指自然界，而实指人事交互复杂的事物，自无待言。既已如此，则所谓妥当性——即理，不能求诸各事物之自身，而必须求诸吾心，亦不待言。所以阳明说：

夫物理不外于吾心，外吾心而求物理，无物理矣。遗物理而求吾心，吾心又何物耶？……后世所以有专求本心遂遗物理之患，正由不知心即理耳……外心以求物理，此知行之所以二也。求理于吾心，此圣门知行合一之教。（《答顾东桥书》）

外心以求理，结果可以生出两种弊端：非向外而遗内，即向内而遗外。向外而遗内者，其最踏实的如研究自然科学，固然是甚好，但与身心修养之学，关系已经较少（也非无关系，不过较少耳，此事当别论）。等而下之，则故纸堆中片辞只义之考证笺注，先王陈迹井田封建等类之墨守争辩，繁文缛节少仪内则诸文之剽窃摹仿，诸如此类。姑勿论其学问之为好为坏为有用为无用，至少也免不了博而寡要劳而少功的毛病，其绝非圣学入门所宜有事也可知。向内而遗外者，视理为超绝心境之一怪物，如老子所谓"有物混成，先天地生""恍兮惚兮，其中有象"，禅家所谓"言语道断，心行路绝"。后来戴东原议诮宋儒言"理"，说是"如有物焉，得于天而具于心"者，正属此类。由前之说，正阳明所谓"外吾心而求物理"，由后之说，则所谓"遗物理而求吾心"。此两弊，朱学都通犯了。朱子笺注无数古书，乃至《楚辞》《参同契》都注到，便是前一弊；费偌大力气去讲太极无极，便是后一弊。阳明觉此两弊，皆是为吾人学道之障，所以单刀直入，鞭辟近里，说道："心外无物，心外无事，心外无理，心外无善。"（《答王纯甫书》）朱子解格物到正心修身，说是"古人为学次第"（《大学·章句序》）。次第云者，像上楼梯一般，上了第一级才到第二级，所以功夫变成先知（格致）后行（诚意等），这是外心求理的当然结果。阳明主张心理合一，于是得如下的结论：

> 理一而已，以其理之凝聚而言则谓之性，以其凝聚之主宰而言则谓之心，以其主宰之发动而言则谓之意，以其发动之明觉而言则谓之知，以其明觉之感应而言则谓之物，故就物而言谓之格，就知而言谓之致，就意而言谓之诚，就心而言谓之正。正者正此也，诚者诚此也，致者致此也，格者格此也。（《传习录·答罗整庵少宰书》）

这段话骤看起来，像有点囫囵笼统，其实凡一切心理现象，只是一刹那间同时并起，其间名相的分析，不过为说明的一种方便。实际上如何能划然有界限分出个先后阶段来，阳明在心物合一、心理合一的前提之下，结果不认格致诚正为几件事的"次第"，只认为一件事里头所包含的条件。换言之，不是格完物才去致知，致完知才去诚意，倒是欲诚意须以致知为条件，欲致知须以格物为条件。正如欲求饱便须吃饭，欲吃饭便须拿筷子端碗。拿筷子端碗，吃饭求饱，虽像有几个名目，其实只是一件事，并无所谓次第，这便是知行合一。今为令学者了解阳明学说全部脉络起见，将他晚年所作《〈大学〉问》下半篇全录如下：

身、心、意、知、物者，是其工夫所用之条理，虽亦各有其所，而其实只是一物。格、致、诚、正、修者，是其条理所用之工夫，虽亦皆有其名，而其实只是一事。何谓身？心之形体运用之谓也。何谓心？身之灵明主宰之谓也。何谓修身？为善而去恶之谓也。吾身自能为善而去恶乎？必其灵明主宰者欲为善而去恶，然后其形体运用者始能为善而去恶也。故欲修其身者，必在于先正其心也。然心之本体则性也，性无不善，则心之本体本无不正也。何从而用其正之之功乎？盖心之本体本无不正，自其意念发动，而后有不正。故欲正其心者，必就其意念之所发而正之，凡其发一念而善也，好之真如好好色，发一念而恶也，恶之真如恶恶臭，则意无不诚，而心可正矣。然意之所发，有善有恶，不有以明其善恶之分，亦将真妄错杂，虽欲诚之，不可得而诚矣。故欲诚其意者，必在于致知焉。致者，至也，如云"丧致乎哀"之致。易言"知至至之"，"知至"者，知也，"至之"者，致也。"致知"云者，非若后儒所谓充扩其知识之谓也，致吾心之良知焉耳。良知者，孟子所谓"是非之心，人皆有之"者也。是非之心，不待虑而知，不待学而能，是故谓之良知。凡意念之发，吾心之良知无有不自知者。其善欤，惟吾良知自知之，其恶欤，亦惟吾良知自知之。是皆无所与于他人者也。故虽小人之为不善，既已无所不至，然其见君子，则必厌然掩其不善而著其善者，是亦可以见其良知之有不容于自昧者也。今欲别善恶以诚其意，惟在致其良知之所知焉尔。何则？意念之发，吾心之良知既知其为善矣，使其不能诚有以好之，而后背而去之，则是以善为恶，而自昧其知善之良知矣。意念之所发，吾之良知既知其为不善矣，使其不能诚有以恶之，而后蹈而为之，则是以恶为善，而自昧其知恶之良知矣。若是，则虽曰知之，犹不知也，意其可得而诚乎？今于良知所知之善恶，无不诚好之而诚恶之，则不自欺其良知而意可诚也已。然欲致其良知，亦岂影响恍惚而悬空无实之谓乎？是必实有其事矣。故致知必在于格物。物者，事也，凡意之所发必有其事，意所在之事谓之物。格者，正也，正其不正以归于正之谓也。良知所知之善，虽诚欲好之矣，苟不即其意之所在之物而实有以为之，则是物有未格，而好之之意犹为未诚也。良知所知之恶，虽诚欲恶之矣，苟不即其意之所在之物而实有以去之，则是物有未格，而恶之之意犹为未诚也。今焉于其良知所知之善者，即其意之所在之物而实为之，无有乎不尽。于其良知所知之恶者，即其意之所在之物而实去之，无有乎不尽。然后物无不格，而吾良知之所知者，无有亏缺障蔽，而得以极其至矣。夫然后吾心快然无复余憾而自谦矣，夫然后意之所发者，始无自欺而可以谓之诚矣。故曰："物格而后知至，知至而后意诚，意诚而后心正，心正而后身修。"

这篇文字是阳明征思田临动身时写出来，面授钱德洪的，可算得他生平论学的绝笔。学者但把全文仔细解释，便可以彻底了解他学问的全部真相了。简单说，根据"身心意知物只是一物"的哲学理论，归结到"格致正修只是一事"的实践法门，这便是阳明学的全体大用。他曾又说："君子之学，诚意而已矣。格物致知者，诚意之功也。"（《答王天宇书》）以诚意为全部学问之归着点，而致良知为其下手之必要条件。由此言之，知行之决为一事而非两事，不辩自明了。

最当注意者，尤在其所言格物功夫。耳食者流，动辄以阳明学派玄虚，为顿悟，为排斥智识，为脱略实务，此在王学末流，诚不免此弊，然而阳明本旨决不如是也。阳明常言，"格物者其用力实可见之地"，（《传习录·答罗整庵少宰书》）盖舍此则别无用力之可见矣。陆象山教人专在人情事变上做功夫，阳明亦说，"除了人情事变则无事矣"（《传习录·陆澄记》），又说，"若离了事物为学，却是着空"。（《传习录·陈九川记》）他在滁州时，虽亦曾沿用旧法，教人静坐，晚年却不以为然。他说：

人须在事上磨炼，做功夫乃有益。若止好静，遇事便乱，终无长进。那静时功夫，似收敛而实放溺也。（《传习录·陈九川记》）

又说：

徒知养静而不用克己功夫，临事便要倾倒。人须在事上磨炼方立得住，能静亦定，动亦定。（《传习录·陆澄记》）

有人拿孟子"必有事焉而勿忘勿助长"那段话问他，他答道：

我此间讲学，只说个"必有事焉"，不说"勿忘勿助"。……不着实去"必有事"上用功，终日凭空去做个"勿忘"，又凭空去做个"勿助"，茫茫荡荡全无着实下手处，究竟功夫只做个沉空守寂，学成一个痴呆汉才遇些子事来，即便牵滞纷扰，不复能经纶宰制。此皆有志之士，而乃使之劳苦缠缚，耽搁一生，皆由学术误人，甚可悯矣。（《答聂文蔚书》）

后来颜习斋痛斥主静之说，说是死的学问，是懒人的学问。这些话有无过火之处，且不必深论。若认他骂得很对，也只骂得着周濂溪、李延年，骂得着程伊川、朱晦庵乃至陈白沙，却骂不着阳明。阳明说"好静只是放溺"，说"沉空守寂会学成痴呆"，而痛惜于"学术误人"。凡习斋所说的，阳明都早已说过了。至其所说"必待入口然后知味之美恶，必待身亲履历然后知道路之险夷"前主张智识必由实际经验得来，尤与习斋及近世詹姆士、杜威辈所倡"实验主义"同一口吻。以极端唯心派的人，及其讲到学识方面，不独不高谈主观，而且有偏于纯客观的倾向。浅见者或惊疑其矛盾，殊不知他的"心物合一论""心理合一论"，结果当然要归着到此点。为什么呢？他一面说"外吾心而求物理，则无物理"，同时跟着说"遗物理而求吾心，吾心又何物"。盖在心物合一的前提之下，不独物要靠心乃能存在，心也要靠物乃能存在，心物既是不能分离的东西。然则极端的唯心论，换一方面看，同时也便是极端的唯物论了。他说"心无体，以万物之感应是非为体"，以"无"的心而做心学，除却向"涉着于物"处用力，更有何法？夫曰"行是知的功夫""行是知之成"，此正实验主义所凭借以得成立也。

第四章　知行合一与致良知

　　钱德洪、王畿所撰《阳明年谱》，说他三十八岁始以"知行合一"教学者，五十岁始揭"致良知"之教①。其实"良知"二字，阳明早年亦已屡屡提及，不过五十岁始专以此为教耳。他五十五岁时有给邹守益一封信，内中几句话极为有趣。他说："近有乡大夫请某讲学者云，'除却良知还有什么说得？'某答曰：'除却良知还有什么说得！'……"他晚年真是"开口三句不离本行"，千言万语都是发挥"致良知"三字。表面看来，从前说知行合一，后来说致良知，像是变更口号。不错，口号的字句是小有变更，其实内容原只是一样。我们拿"知行合一"那句话代表阳明学术精神的全部也可以，拿"致良知"这句话代表阳明学术的全部也可以。

　　"致良知"这句话，是把《孟子》里"人之所不学而知者，其良知也"和《大学》里"致知在格物"那两句话联缀而成。阳明自下解说道：

　　孟子云："'是非之心，知也''是非之心，人皆有之'，即所谓良知也，孰是无良知乎？但不能致之耳。易谓'知至至之'，知至

①《与邹东廓书》云："近来信得'致良知'三字，真圣门正法眼藏。往年尚疑未尽，今自多事以来，只此良知，无不具足。譬之操舟得舵，平澜浅濑，无不如意。虽遇颠风逆浪，舵柄在手，可免没溺之患矣。"案：此书是正德十六年在南昌所发，时阳明五十岁，平宸濠之次年也。

者知也，至之者致知也，此知行之所以一也。近世格物致知之说，只一'知'字尚未有下落，若'致'字功夫，全不曾道着此矣，此知行之所以二也。"(《与陆元静第二书》)

观此可知致良知正所以为知行合一，内容完全一样，所以改用此口号者，取其意义格外明显而已。

"致良知"这句话，后来王门弟子说得太玄妙了，几乎令人无从捉摸。其实阳明本意是平平实实的，并不含有若何玄学的色彩。试读前章所引《〈大学〉问》中解释"致知"那段话，便可以了然，阳明自己把他编成几句口诀——即有名的"四句教"。所谓：

无善无恶心之体，有善有恶意之动。知善知恶为良知，为善去恶是格物。(见王畿《天泉证道记》)①

良知能善能恶，致的功夫即是就意所涉着之事物实行为善去恶。这种工作，虽愚夫愚妇，要做便做，但实行做到圆满，虽大贤也恐怕不容易。所以这种学问，可以说是极平庸，也可以说是极奇特。刘蕺山引《系辞》中孔子赞美颜子的话来作注脚，说道："有不善未尝不知，良知也。知之未尝复行，致良知也。"阳明亦曾拿《大学》的话来说："'所恶于上'是良知，'毋以使下'是致良知。"(《传习录·下》)致良知最简易的解释，不过如此。

《大学》说："所谓诚其意者，毋自欺也。"阳明既认致知为诚意的功夫，所以最爱用"不欺良知"这句话来作致知的解释。他说：

---

① 后来刘蕺山黄梨洲都不信"四句教"，疑是王龙溪造谣言。我们尊重龙溪人格，实不敢附和此说。况且"天泉证道"时，有钱绪山在一块，这段话采入《传习录》。《传习录》经绪山手定，有嘉靖丙辰跋语，其时阳明没已久了。若干日师门遗说，绪山如何肯承认？蕺山们所疑者，不过因"无善无恶"四字，不知善之名对恶而始立。心体既无恶，当然也无善，何足为疑呢？

尔那一点良知，是尔自家的准则，尔意念着处，他是便知是，非便知非，更瞒他一些不得。尔只不要欺他，实实落落依着他做去，善便存，恶便去，何等稳当快乐。(《传习录·答陈九川问》)

拿现在的话说，只是绝对的服从良心命令便是，然则为什么不言良心，而言良知呢？因为心包含意与知两部分，意不必良，而知无不良。阳明说：

凡应物起念处皆谓之意，意则有是有非，能知得意之是与非者则谓之良知。依得良知即无有不是。(《答魏师说书》)

所以良知是你的明师。(《传习录·上》)

关于这一点，阳明总算把性善论者，随便举一个例就可以反驳倒我们。但是，本能的发动虽有对有不对，然而某件对某件不对，我们总会觉得。就"会觉得"这一点看，就是"人之所以异于禽兽"，就是"人皆可以为尧舜"的一副本钱。所以孟子说良知良能，而阳明单提知的方面代表良心之全部，说"良知者心之本体"(《答陆元静书》)。

"有善有恶意之动"。意或动于善或动于恶，谁也不能免，几乎可以说没有自由。假使根本没个良知在那里指导，那么，我们的行为便和下等动物一样，全由本能冲动，说不上有责任。然而实际上决不如此。"良知在人，随你如何，不能泯灭，虽盗贼亦自知不当为盗，唤他作贼，他还忸怩"(《传习录·陈九川记》)。"良知之在人心，无间于圣愚，天下古今之所用也"(《答聂文蔚书》)。"凡意念之发，吾心之良知无有不自知者，其善欤？惟吾良知自知之，其恶欤？亦惟吾良知自知之"(《〈大学〉问》)。"此两字人人所自有，故虽至愚下品，一提便省觉"(《答聂文蔚第三书》)。既有知善知恶之良知，则选择善恶，当然属于我的自由。

良知是常命令我择善的，于是为善去恶，便成为我对于我的良知所应负之责任。人类行为所以有价值，全在这一点。

良知虽人人同有，然其明觉的程度不同，所以要下"致"的功夫。"圣人之知，如青天白日，贤人之知，如浮云天日，愚人如阴霾天日，虽有昏明不同，其能辨黑白则一，虽昏黑夜里，亦影影见得黑白，就是日之余光未尽处。因学功夫，只从这一点明处精察去。"（《传习录·黄修易记》）有人对阳明自叹道："私意萌时，分明自知得，只是不能使他即去。"阳明道："你萌时这一'知'，便是你的命根。当下即把那私意消除去，便是立命功夫。"（同上）假使并这一点明处而无之，那真无法可想了。然而实际上决不如此，无论如何昏恶的人，最少也知道杀人是不好。只要能知道杀人不好，"充其无欲害人之心，而仁不可胜用矣"，最少也知道偷人东西是不好。只要能知道偷东西不好，"充其无欲穿窬之心，而义不可胜用矣"。所以说，"这一'知'是命根"，抓着这命根往前"致"，由阴霾天的日，"致"出个浮云天的日来，由浮云天的日，"致"出个青天的日来，愚人便会摇身一变，变成贤人，摇身再变，变成圣人了。所以阳明说：

人若知这良知诀窍，随他多少邪思枉念，这里一觉，都自消融，真个是灵丹一粒，点铁成金。（《传习录·陈九川记》）

利用这一觉，致良知功夫便得着把柄入手了。他又说：

杀人须在咽喉处着刀，吾人为学当从心髓入微处用力，自然笃实光辉，私欲之萌，真是洪炉点雪，天下之大本矣。（《答黄宗贤书》）

专就"这一点明处"往前"致"，致到通体光明，如青天之日，便有"洪炉点雪"气象，便是致良知功夫成熟。

我们最当注意者，利用那一"觉"，固然是入手时最简捷的法门，然并非专恃此一"觉"便了。后来王学末流，专喜欢讲此一"觉"，所以刘蕺山斥他们，说道："后儒喜言'觉'，谓一'觉无'余事，即知即行……"殊不知主张一"觉"无余事者，不知不觉间已堕于"知而不行只是不知"，恰与阳明本意违反了。当时已有人疑阳明"立说太高，用功太捷，未免堕禅宗顿悟之机"。阳明答道：

区区格致诚正之说，是就学者本心日用事为间，体究践履，实地用功，是多少次第多少积累在，正与空虚顿悟之说相反。（《答顾东桥书》）

所以致良知功夫，说易固真易，说难却又真难。当时有学者自以为已经能致知，阳明教训他道：

何言之易也，再用功半年看如何，又用功一年看如何，功夫愈久愈觉不同，此难口说。（《传习录·陈九川记》）

晚明治王学的人，喜欲说"现成良知"，轻易把"致"字抹煞，全不是阳明本意了。

致良知功夫是要无间断的，且要十分刻苦的。方才引的"私欲萌时那一知"要抓着做个命根，固也。但并非除却那时节便无所用力。阳明说："譬之病疟之人，虽有时不发，而病根不曾除，则亦不得谓之无病。"（《答陆元静书》）所以，"省察克治之功，无时而可间。如去盗贼，须有个扫除廓清之意。无事时，将好色好货好名等私，逐一追究披寻出来，定要拔去病根，永不复起，方始为快。常如猫之捕鼠，一眼看着，一耳听着，才有一念萌动，即与克去，斩钉截铁，不可姑容与他方便，不可窝藏，不可放他出路，方是真实用功，方能扫除廓清"。（《传习录·陆澄记》）他在赣南剿土匪时候寄信给他的朋友，有两句有名的话："去山中贼易，去心中贼难。"可见得这一个"致"字，内中含有多少扎硬寨、打死仗的功夫，绝非"一觉无余事"了。

阳明尝自述其用力甘苦，说道：

……毫厘之差，乃致千里之谬，非诚有求为圣人之志而从事于惟精惟一之学者，莫能得其受病之源而发其神奸之所由伏也。若某之不肖，盖亦尝陷溺于其间者几年，伥伥然既自以为是矣。赖天之灵，偶有悟于良知之学，然后悔其向之所为者，固包藏祸机作伪于外而心劳日拙者也。十余年来，虽痛自洗剔创艾，而病根深痼，萌蘖时生。所幸良知在我，操得其要，譬犹舟之得舵，虽惊风巨浪，颠沛不无，尚犹得免于倾覆者也。夫旧习之溺人，虽已觉悔悟，而克治之功，尚且其难如此，又况溺而不悟日益以深者，亦将何所抵极乎！（《与邹谦之书》）

读这段话，不能不令人悚然汗下。以我们所见的阳明，学养纯粹，巍然为百世宗师，然据他的自省，则有"神奸攸伏""作伪"于外，"心劳日拙"种种大病，用了十几年洗剔功夫，尚且萌蘖时生，我们若拿来对照自己，真不知何地自容了[1]。据此可知，良知功夫，全以毋自欺为关键，把良知当作严明的裁判官，自己常像到法庭一般，丝毫不敢掩饰，方有得力处。最妙者裁判官不是别人，却是自己，要欺也欺不得，徒然惹自己苦痛。依着他便如舟之得舵，虽惊涛骇浪中，得有自卫的把握而泰然安稳，结果得着"自慊"——自己满足，致良知功夫所以虽极艰难而仍极简易者在此。

讲到这里，我们要提出紧急动议讨论一个问题。阳明说："良知是我们的明师，他是便知是，非便知非，判断下来绝不会错。"

---

[1] 阳明卒时五十八岁，《与寄邹谦之书》是他五十五岁写的。读此可见其刻苦用功，死而后已。

这话靠得住吗？我们常常看见有一件事，甲乙两个人对于他同时下相反的判断，而皆自以为本于自己的良知。或一个人对于某件事前后判断不同，而皆以为本良知。不能两是，必有一非，到底哪个良知是真呢？况且凡是非之辨所由起，必其之性质本介于两可之间者也。今若仅恃主观的良知以下判断，能否不陷于武断之弊？后来戴东原说宋儒以"意见"为理，何以见得阳明所谓良知不是各个人的"意见"呢？这是良知说能否成立之根本问题，我们要看阳明怎样解答。

第一，须知阳明所谓知是知非者，其实只是知善知恶（他拿是非来说不过为孟子"是非之心，人皆有之"那句话作注解）。善恶的标准，虽然也不是绝对的，但已不致如是非之疑似难辨。最少如"无欲害人""无欲穿窬"之类几项基本标准总是有的。从良知所见到这一点"致"出去，总不会错。或问阳明："人心所知，多有认贼作子处，何处乃见良知？"阳明反问："尔以为何如？"答："心所安处便是良知。"阳明道："固是，但须省察，恐有非所安而安者。"（《传习录·陆澄记》）凡事就此心所安处做去，最少总可以得自慊——自己满足的结果。

第二，所谓武断或意见者，主张直觉说的人最易犯此病。阳明的致良知，骤看来很像纯任直觉，其实不然。他以格物为致知的功夫，说："欲致其良知，非影响恍惚悬空无实之谓，必实有其事。"（《〈大学〉问》）说要"在事上磨炼"（《传习录·陆澄记》），说"除却见闻，酬酢无良知可致"（《答顾东桥书》），所以关于判断事理的知识，阳明却是主经验论，并不主直觉论。有人问："知识不长进如何？"他答道：

为学须有本原，须从本原上用力，渐渐盈科而进。仙家说婴儿亦善，婴儿在母腹时，有何知识？出胎后方始能啼，既而复能笑，又而复能识认其父母兄弟，又而复能立，能行，能持，能负，卒乃天下事无不可能，皆是精气日足，则聪明日开，不是出胎日便讲求推寻得来。(《传习录·陆澄记》)

他不认智识为能凌空笼统的一齐得着，而认为要由后天的经验，一步一步增长起来。然而戴东原所谓"理与事分为二而与意见合为一"者（《孟子字义疏证·卷上》），在朱学或有此病，在王学决不然。阳明又说：

我辈致知，只是各随分限所及。今日良知见是如此，只随今日，所知扩充到底，明日良知又有开悟，便从明日所知扩充到底，如此方是精一功夫。(《传习录·黄直记》)

由此言之，良知并不是一成不变的，实是跟着经验来天天长进。不过用功要有个头脑，一切智识都从良知发生出来，才不致散而无纪罢了。阳明又说：

如人走路一般，走得一段，方认得一段，走到歧路处，有疑问便问，问了又走，方能到得欲到之地。……只管愁不能尽知，只管闲讲，何益？(《传习录·陆澄记》)

朱子说的"即物穷理之后一旦豁然贯通，则众物表里精粗无不到……"那种做学问法，诚不免有认意见为理的危险。若阳明则全不是这种路数，他说：

并不是本体明后便于天下物便都知得都做得。天下事物如名物度数草木鸟兽之类，虽圣人亦何能尽知？但不必知的，圣人自不消求知，其所当知的，圣人自能问人。如"子入太庙每事问"之类……(《传习录·黄直记》)

致良知功夫，只是对于某件事应做不应做，求得一个定盘针。

决定应做之后，该如何做法，跟着有多少学问思辨工作在里头，而这些工作，却要用客观的经验的，不是靠主观的直觉的，这便是阳明本旨。

至于事理是非介在疑似两可之间者，决定应做与否，诚然不能不凭良知一时之直觉。阳明以为我们平日用功，不必以此等例外的事理为标准，而且欲对于此等事应付不误，只有平日把良知摩擦得精莹，存养得纯熟，然后遇事乃得其用。有人问他，"道之大端，易于明白，所谓良知良能，愚夫愚妇可与及者。至于节目时变，毫厘千里，必待学而后知。如语孝……舜之不告而娶，武之不葬而兴师等事，处常处变，过于不及之间，必须讨论是非以为制事之本。"阳明答道：

道之大端，易于明白，此语诚然。顾后之学者，忽其易于明白者而弗由，而求其难者以为学，此所谓道在迩而求诸远，事在易而求诸难也。……夫良知之于节目事变，犹规矩尺度之于长短方圆也。节目事变之不可预定，犹方圆长短之不可胜穷也。毫厘千里之谬，不予吾心良知一念之微而察之，亦将何所用其学乎？……夫舜之不告而娶，岂舜之前已有不告而娶者为之准则，故舜得以考诸何典问诸何人而为此耶？抑亦求诸其一念之良知权轻重之宜，不得已而为此耶？……后之人不务，致其良知以精察义理于此心感应酬酢之间，顾欲悬空讨论此等变常之事，执之以为制事之本，以求临事之无失，其亦远矣。(《答顾东桥书》)

这段话在实践道德学上含有重大的意味。善恶的标准，有一部分是绝对的，有一部分是相对的。相对的那部分，或甲时代与乙时代不同，或甲社会与乙社会不同，或同一时代同一社会而各个人所处的地位不同，这种临时临事的判断，真是不能考诸何典问诸何人。除却凭主观的一念良知之直觉以权轻重之宜，没有别的办法。然而我们欲对于此等临事无失，除却平日下功夫把良知磨得雪亮，预备用得着直觉时，所直觉者不致错误，此外又更有何法呢？

第三，一般人所判断的是非善恶，自命为本于良知者，然而往往会陷于错误。这是常见的事，阳明亦承认。但阳明以为这决不是良知本身的缺点，不过没有实下"致"的功夫，以致良知被锢蔽而失其作用耳。他说：

事物之来，但尽吾心之良知以应之，所谓"忠恕违道不远"矣。凡处得有未善及有困顿失次之患者，皆是牵于毁誉得丧，不能实致其良知耳。若能实致其良知，然后见得平日所谓善者未必是善，所谓未善者却恐正是牵于毁誉得丧而自贼其良知者也。（《答周道通书》）

俗语说得好，"旁观者清，当局者迷"。同是一个人，同是那良知，何以观察旁人很清醒，自己当局便糊涂起来呢？因为一到当局便免不了得失或毁誉等等顾忌。譬如讨论一个工场法案，某甲属于劳动阶级或想利用劳动阶级，主张便如此。某乙属于资本阶级或想利用资本阶级，主张便如彼。虽各各昌言道我本我良知的主张，其实他的良知已经被得失之见缠蔽了。纵使不属那阶级，亦不想利用那阶级，然而看见那一种时髦的主张便跟着主张去。或者从前主张错了，而护短不欲改口，他的良知已经被毁誉之见缠蔽了。此外或因一时情感冲动，或因事实牵扯，令良知失其作用者原因甚多。总而言之，以自己为本位，便有一种"我的成见"横亘胸中，便是以为良知之贼。这类东西，阳明统名之曰"私欲"。致良知功夫，最要紧是把这些私欲划除净尽。假使一个人他虽然属于劳动阶级或资本阶级，但他并不以本身利害为本位，纯采第三者的态度，由当局而抽身出来像旁观一样，而且并不要讨好于任何部分人，不要任何部分人恭维他，赤裸裸的真，信凭他的良知来判断这个工场法案，那么我们敢保证他下的判断，一定是"忠恕违道不远"了。致良知的实在功夫，便是如此。

阳明在江西的时候，有一属官，常来旁听讲学，私下对人说："可惜我为簿书讼狱所困，不得为学。"阳明听见了，告诉他道：

我何常叫你离了簿书讼狱悬空去讲学？你既有官司的事，便从官司的事上为学，才是真格物。如问一词讼，不可因其应对无状起个怒心，不可因他言语圆转生个喜心，不可恶其嘱托加意治之，不可因其请求屈意从之，不可因自己事务烦冗随意苟且断之，不可因旁人谮毁罗织随人意思处之。这许多意思皆私，只尔自知，须精细省察克治，惟恐此心有一毫偏倚。这便是格物致知，簿书讼狱之间，无非实学，若离了事物为学，却是着空。(《传习录·陈惟濬记》)

据这段话所教训，可见得我们为什么判断事理会有错呢，都不外被"私的意见"蒙蔽着。只要把这种种"私"克去，自然会鉴空衡平，亦且事理到跟前，都能看得真切。程明道所谓"廓然而大公物来而顺应"，正是这种境界。拿现在的话来讲，只要纯采客观态度，不掺杂丝毫主观的成见及计较，那便没有不清楚的事理①。

---

① 这段话还给我们一种重大教训，就是令我们知道修养功夫，并不消把日常应做的事搁下一边，另起炉灶去做。譬如一个学生，不说我现在学校功课太忙，没有时间去"致良知"。你在课堂上听讲，在图书馆里念书，便可从听讲念书上头致你的良知。念一部书，完全为研求书中道理，不是想抄袭来做毕业论文，不是摭拾几句口耳来出风头，读时不草率，不曲解，批评时不闹意气……诸如此类，就是读书时候"致良知"功夫。《传习录》中尚有答人问读书一段云："且如读书时，良知得有强记之心不是，即克去之，有欲速之心不是，即克去之，有夸多斗靡之心不是，即克去之。如此亦只是终日与圣贤印对，是个纯乎天理之心。任他读书，亦只是调摄此心而已。"

讲到这里，"图穷而匕首见"，不能不提出阳明学派最主要一个关键，曰"义利之辨"。昔朱晦庵请陆象山在白鹿洞书院讲演，象山讲《论语》"君子喻于义，小人喻于利"那一章，晦庵听了大感动，天气微暖而汗出挥扇。阳明继承象山学派，所以陆王之学，彻头彻尾只是立志辨义利。阳明以为，良知唯一的仇敌是功利主义，不把这个病根拔去，一切学问无从做起。他所著有名的《拔本塞源论》，关于此警告说得最沉痛。今节录如下：

夫拔本塞源之论不明于天下，则天下之学圣人者，将日繁日难，斯人沦于夷狄禽兽，而犹以为圣人之学。吾之说虽或暂明于一时，终将冻解于西而冰坚于东，雾释于前而云滃于后，呶呶焉危困以死，而卒无救于天下之分毫也。夫圣人之心，以天地万物为一体，其视天下之人，无内外远近。凡有血气，皆其昆弟赤子之亲，莫不欲安全而教养之，以遂其万物一体之念。天下之人心，其始亦非有以异于圣人也，特其间于有我之私，隔于物欲之蔽，大者以小，通者以塞，人各有心，至有视其父子兄弟如仇雠者。圣人有忧之，是以推其天地万物一体之仁以教天下，使之复其心体之同然。……孔孟既没，圣学晦而邪说横。教者不复以此为教，而学者不复以此为学。霸者之徒，窃取先王之近似者，假之于外以内济其私己之欲，天下靡然宗之。……圣人之学，日远日晦，而功利之习，愈趋愈下。其间虽尝惑于佛老，而佛老之说，卒亦未能有以胜其功利之心。虽又尝折衷于群儒，而群儒之论；终亦未能有以破其功利之见。盖至于今功利之毒，沦浃于人之心髓而习以成性也，几千年矣。相矜以知，相轧以势，相争以利，相高以技能，相取以声誉……记诵之广，适以长其傲也。知识之多，适以行其恶也。闻见之博，适以肆其辩也。辞章之富，适以饰其伪也。……其称名借号，未尝不曰"吾欲以共成天下之务"，而其诚心实意之所在，以为不如是则无以济其私而满其欲也。呜呼，以若是之积累，以若是之心志，而又讲之以若是之学术，宜其闻吾圣人之教而视之以为赘疣枘凿，则其以良知为未足，而谓圣人之学为无所用，亦其势有所必至矣。……（《答顾东桥书》）

"功利"两个字，在今世已成为哲学上一种主义——最时髦的学派。我们生今日而讲"非功利"，一般人听了何只"以为赘疣枘凿"，一定当作妖怪了。虽然，须知阳明之"非功利"，并不是叫人不做事，也不是叫人做事不要成功，更不是把人生乐利幸福一概抹杀。这些话无须多辨，只把阳明一生替国家替地方人民所做的事业点检一下，当然可以得着绝好的反证。然则他所非的功利是什么呢？是各个人自私自利——以自己利益为本位那种念头。详细点说，凡专求满足自己的肉欲，如食膏粱，衣文绣，宫室之美，妻妾之奉等等，以及为满足肉欲起见而发生得财货欲，更进而求满足自己的权势欲，求满足自己的虚荣欲。凡此之类，阳明统名之为私欲——即功利，认为一切罪恶之根源。"知善知恶为良知，为善去恶是格物。"所谓善恶者以何为标准呢？凡做一事，发一念，其动机是否出于自私自利，即善恶之唯一标准。良知所知之善恶，就只知道这一点，而且这一点除自己的良知之外，没有别人或别的方法能知得真切确实的。然则这种标准对吗？我想完全是对的。试观凡人类的罪恶，小而自家庭细故，所谓"父借耰锄，动有德色；母取箕帚，立而谇语"。大而至于奸淫劫盗杀人放火，哪件不是从自私自利之一念发出来？其甚者为权势欲为虚荣欲所驱使，"一将功成万骨枯"，不惜举千千万万人生命以殉所谓英雄豪杰者，一念中不可告人之隐。然且有奇口（豢）

43

之学说，以为之推波助澜。例如尼采辈所崇拜之"超人"的生活，主张利用民器，以他人作牺牲品，为自己成功之工具，谓为所当然。阳明所谓"以若是之心志而又讲之以若是之学术"，把人类兽性方面的本能尽情发挥，安得不率天下而为禽兽呢？阳明痛心疾首于此种祸机，所以不能倡良知之教。他说：

> 后世良知之学不明，天下人用其私智以相比轧，是以人各有心，而偏琐僻陋之见，狡伪阴邪之术，至于不可胜说。外假仁义之名，而内以行其自私自利之实，诡辞以阿俗，矫行以干誉，掩人之善而袭以为己长，讦人之私而窃以为己直，忿以相胜而犹谓之徇义，险以相倾而犹谓之疾恶，妒贤忌能而犹自以为公是非，恣情纵欲而犹自以为同好恶。相陵相贼，自其一家骨肉之亲，已不能无尔我胜负之意，彼此藩篱之形。而况于天下之大，民物之众，又何能一体而视之，则亦无怪于纷纷藉藉，而祸乱相寻于无穷矣。仆诚赖天之灵，偶有见于良知之学，以为必由此而后天下可得而治，是以每念斯民之陷溺，则为之戚然痛心，忘其身之不肖，而思以此救之。……（《答聂文蔚书》）

这段话真是一字一泪。阳明所以极力反对功利主义，所以极力提倡致良知，他那一片婆心，和盘托出给我们看了，我们若还相信这些话有相当价值，总可以感觉到，这种专以自己为本位的人，学问少点，才具短点，作恶的程度也可以减轻点。若再加之以学问才具，天下人受其荼毒更不知所底极了。然而天下事到底是要靠有学问有才具的人去做的，倘使有学问有才具的人不能在自己心术上痛切下一番革命功夫，则这些人都是为天下造孽的人。天下的罪恶祸乱，一定相寻于无己，所以阳明对于当时的青年痛切警告道：

今天下事势，如沉疴积痿，所望以起死回生者，实有在于诸君子。若自己病痛未能除得，何以能疗天下之病！（《与黄宗贤书》）

当时，一青年有自是好名之病，阳明屡屡责备他道：

此是汝一生大病根。譬如方丈地内，种此一大树，雨露之滋，土脉之力，只滋养得这个恶根。四旁纵要种些嘉谷，上面被此树遮蔽，下面被此树根盘结，如何生得长成？须是伐去此树，纤根勿留，方可种植嘉种。不然，任汝耕耘培壅，只是滋养此根。（《传习录·陆澄记》）

好名也是促进青年向上一种动机，阳明何故深恶痛绝到如此？因为好名心也是从自私自利出来，充这个念头所极，可以种种作伪，种种牺牲别人以为自己。所以真实做学问的人，非从这种罪恶根芽上廓清不可。

欲廓清自私自利念头，除却致良知没有第二法门。因为心术隐微，只有自己的良知方能照察得出。阳明说：

人若不于此独知之地用力，只在人所共知处用功，便是作伪，便是"见君子而后厌然"，此独知处便是诚的萌芽。此处不论善念恶念，更无虚假一是百是，一错百错，正是义利诚伪善恶界头。于此一立立定，便是正本澄源。古人为学功夫精神命脉全体，只在此处。（《传习录·卷上》）

所以他又说：

慎独即是致良知。（《与黄勉之书》）

这样说来，致良知切实下手功夫，是不是专在消极的克己作用呢？不错，克己是致良知重要条件，但不能认克己为消极作用。阳明说："人须有为己之心方能克己，能克己方能成己。"（《传习录·答萧惠问》）这句话又怎样解呢？

我们想彻底了解他，要回复到他的心物合一论之哲学上的见解来。阳明因为确信心外无物物外无心，灼然见得我身外之人们及天地万物们都是"真我"或"大我"的构成要素，因此得着"物我同体"的结论，前文已经说过了。既已如此，然则自私自利之心，强把人我分为两体，岂不是我的"真我"罹了车裂之刑吗？所以他说：

这心之本体，便是你的真己。你若真要为那尔体的己，也须用着这个真己，便须要常常保护这真己的本体。有一毫亏损他，便如刀割，如针刺，忍耐不过。必须去了刀，拔了针，才是有为己之心，方能克己。（同上）

因此之故，克己功夫，非唯用不着强制执行，或者还可以说发于本能之不容自己。所以他说道：

凡慕富贵，忧贫贱，欣戚得丧，爱憎取舍之类，皆足以蔽吾良知之体而窒塞其用。若此者，如明目之中而翳之以尘沙，聪耳之中而塞之以木楔也。其疾痛郁逆，将必速去之为快，而何能忍于时刻乎？（《答南元善书》）

克己本是一件极难的事，然而"见得良知亲切时，其功夫又自太难"（《与黄宗贤书》）。所谓见得亲切的是见个什么？就是见出物我为一痛痒相关的本体。这些话骤听着像是大言欺人，其实只是人生习见之事。例如慈母对于他的乳儿，青年男女对于他的恋人，那种痛痒一体的意思何等亲切。几曾见有对于自己的恋人而肯耍手段玩把戏，牺牲他的利益，以谋自利者？假使有这种念头偶然涌起，一定自己觉得有伤害爱情神圣的本体，立刻感深切的苦痛，像目中尘、耳中楔一般，必拭去拔去而后为快，是不是呢？但这种境界在一般人只有慈母对乳儿、恋人对恋人才能发现，若大圣大贤，把天下国家看成他的乳儿，把一切人类看成他的恋人，其痛痒一体之不能自己，又何足怪？阳明以为人类的本性原是如此，所有"间形骸而分尔我"者，都不过良知受蔽隔而失其作用。"致"的功夫，只是把良知麻木过去那部分打些药针，令其恢复原状。一旦恢复之后，物我一体的感觉自然十分灵敏，哪里容得纤毫间隔，下手功夫又何难之有呢？所以《大学》说"如恶恶臭如好好色"，而阳明亦最喜引以为喻。他说："从未见有过好色的人要人强逼着才肯去好的。"（约《传习录》语）又说，"好色之人，未尝有痛于困忘者，只是一真切耳"（《答周道通书》）。由此观之，可见在"致良知"这个口号底下所用克己功夫，是积极的而非消极的了。

良知本体与功利主义之分别，孟子说得最明白："凡人乍见孺子将入于井，皆有怵惕恻隐之心，非所以纳交于孺子之父母也，非所以要誉于乡党朋友也，非恶其声而然也。"乍见的恻隐，便是良知本体。纳交要誉恶其声等杂念，便是得丧毁誉关系，便是功利。致良知功夫，最要紧是"非所以什么，非所以什么"，换句话说，一切行为，都是目的，不是手段。阳明说：

君子之学，求尽吾心焉尔。故其事亲也，求尽吾心之孝，而非以为孝也。事君也，求尽吾心之忠，而非以为忠也。是故夙兴夜寐，非以为勤也。剔繁理剧，非以为能也。嫉邪祛蠹，非以为刚也。规切谏诤，非以为直也。临难思义，非以为节也。吾心有不尽焉，是谓自欺其心。心尽而后，吾之心始自以为快也。惟夫求以自快吾心，故凡富贵贫贱忧戚患难之来，莫非吾所以致知求快之地。苟富贵贫贱忧戚患难而莫非吾致知求快之地，则亦宁有所谓富贵贫贱忧戚患难者，足以动其中哉！世之人徒见君子之于富贵贫贱忧戚患难无入而不自得也，而皆以为独能人之所不可及，不知君子之求以自快其心而已矣。(《题梦槎奇游诗卷》)

这段话是"如恶恶臭如好好色此之谓自慊"那几句的详注。问为什么要"恶恶臭"，为什么要"好好色"，谁也不能说出理由来，只是生理作用，非好好恶恶不能满足罢了。人生数十寒暑，勤勤恳恳乃至忍艰难冒危险去做自己良心上认为应做的事，问为什么？什么都不为。再问，只能答道，为良心上的安慰满足。这种人生观，真是再逍遥自在不过的了，真是再亲切有味不过的了。回看功利主义者流，天天以"为什么为什么"相号召，营营于得丧毁誉，过几十年患得患失的日子者，孰为有价值，孰为无价值，我们可以知所别择了[1]。

以上所述，"致良知"的全部功夫大概都讲到了。但是，不能致良知的人，如何才会"致"起来呢？阳明以为最要紧是立志。孔子说："为仁由己，而由人乎哉。"又说："我欲仁，斯仁至矣。"阳明接见学者，常以此激励之。其在龙场示诸生教条四章，首即立志。其在《传习录》中谆谆言此者不下数十条，其《示弟立志说》云：

君子之学，无时无处而不以立志为事。正目而视之，无他见也。化而听之，无他闻也。如猫捕鼠，如鸡伏卵，精神心思，凝聚融结，而不复知其他，然后此志常立。神气清明，义理昭著，一有私欲，即便知觉，自然容住不得矣。故凡一毫私欲之萌，只

---

[1] 阳明既排斥功利主义，当然也跟着排斥效率主义。他说："圣贤只是为己之学，重功夫不重效验。"（《传习录·卷下》）

责此志不立，即私欲便退。听一毫客气之动，只责此志不立，即客气便消除。或怠心生，责此志即不怠。忽心生，责此元不忽。躁心生，责此志即不躁。妒心生，责此志即不妒。忿心生，责此志后忿。贪心生，责此志即不贪。傲心生，责此志即不傲。吝心生，责此志后吝。盖无一息而非立志责志之时，无一事而非立志责志之地。故责志之功，于去人欲，有如烈火之燎毛，太阳一出而魑魅潜消也。

志是志个什么呢？阳明说，要志在必为圣人。他的门生萧惠问学，他说："待汝办个真求为圣人的心再来与汝说。"（《传习录·上》）有一天，几位门生侍坐，阳明叹息道："你们学问不得长进，只是未立志。"有一位李琪起而对曰："我亦愿立志。"阳明说："难说不立，未是必为圣人之志耳。"（《传习录·上》）这些话不知现代青年们听了怎么样，我想不是冷笑着以为迂而无用，便是惊骇着以为高不可攀。其实阳明断不肯说迂而无用的话，也断不肯说高不可攀的话，我们欲了解他的真意，请先看他对于"圣人"两字所下定义。他说：

圣人之所以为圣，只是其心纯乎天理而无人欲之杂。犹精金之所以为精，但以其成色足而无铜铅之杂也。人到纯乎天理方是圣，金到足色方是精，然圣人之才力，亦有大小不同，犹金之分两有轻重。尧舜犹万镒，文王孔子有九千镒，……伯夷伊尹犹四五千镒，才力不同，而纯乎天理则同，皆可谓之圣人，犹分两不同而足色则同，皆可谓之精金。……盖所以为精金者，在足色而不在分两，所以为圣者，在纯乎天理而不在才力也。故虽凡人而肯为学，使此心纯乎天理，则可亦为圣人。犹一两之金，比之万镒，分两虽悬绝，而其到足色处可以无愧。故曰"人皆可以为尧舜"者以此。学者学圣人，犹炼金而求其足色，金之成色，所争不多，则锻炼之工省，而功易成。成色愈下，则锻炼愈难。人之气质，清浊粹驳，有中人以上，中人以下，其于道，有生知安行，学知利行，其下者，必须人一己百，人十己千，及其成功则一。后世不知作圣之本是纯乎天理，却专去知识才能上求圣人，以为圣人无所不知无所不能，我须是将圣人许多知识才能逐一理会始得之。故不务去天理上着功夫，徒弊精竭力，从册子上钻研，名物上考索，形迹上比拟，知识愈广，而人欲愈滋，才力愈多，天理愈蔽。正如见人有万镒精金，不务锻炼成色，求无愧于彼之精纯，而乃妄希分两，务同彼之万镒，锡铅铜铁，杂然而投。分两愈增，而成色愈下，及其梢末，无复有金矣。(《传习录·答蔡希渊问》)

　　这番话可谓妙喻解颐。圣人中可以分出等第，有大圣人、小圣人，第一等、第二等圣人，乃至第九十九等圣人，而其为圣人则一。我们纵使够不上做一万斤重的一等圣人，最少也可以做一两重，一钱重，一分重，乃至一厘重的第九十九等圣人。做一厘重的九十九等圣人，比诸一万斤重的一等凡人或坏人，其品格却是可贵。孟子所谓"人皆可以为尧舜"，必要如此方解得通，否则成为大妄语了。

　　当时有一位又聋又哑的人名叫杨茂，求见阳明。阳明和他笔谈，问道："你口不能言是非，你耳不能听是非，你心还能知是非否？"茂答："知是非。"阳明说："如此，你口虽不如人，你耳虽不如人，你心还与人一般。"茂首肯拱谢。阳明说："大凡人只是此心，此心若能存天理，是个圣贤的心，口虽不能言，耳虽不能听，也是个不能言不能听的圣贤。心若不存天理，是个禽兽的心，口虽能言，耳虽能听，也只是个能言能听的禽兽。"茂听了扣胸指天。阳明说："……你但在里面行你那是的心，莫行你那非的心，纵使外面人说你是也不须管，说你不是也不须管。"茂顿首拜谢。（《谕泰和杨茂》）

这段话虽极显浅，却已把致良知彻始彻终功夫包括无遗。人人都有能知是非的心，只要就知之所及行那"是的心"，不能行那"非的心"。虽口不能言耳不能听，尚且不失为不能言不能听的圣人。然则"圣人与我同类"，人人要做圣人，人便做圣人，有什么客气呢？至于或做个不识一字在街上叫化的圣人，或做个功被天下师表万世的圣人，这却是量的分别，不是质的分别。圣人原是以质计不以量计的。阳明教学者要先办个必为圣人之志，所办办此而已。

这样看来，阳明致良知之教，总算平易极了，切实极了，然则后来王学末流，为什么会堕入空寂为世诟病呢？原来阳明良知之说，在哲学上有很深的根据。既如前章所述，他说，"心之本体便是知"，所谓"见得良知亲切"者，即是体认本体亲切之谓。向这里下手，原是一了百了的绝妙法门，所以阳明屡屡揭此义为学者提掇。但他并非主张"一觉之后无余事"者，所以一面直提本体，一面仍说"省察克治之功无时而可已"。而后之学者，或贪超进，惮操持，当然会发生出近于禅宗之一派。此亦学术嬗变上不可逃避之公例也。钱绪山说："师既没，音容日远，吾党如各以己见立说。学者稍见本体，即好为径超顿悟之说，无复有省身克治之功。视师门诚意格物、为善去恶之旨，皆相鄙以为第二义。简略事为，言行无顾，甚者荡灭礼教，犹自以为圣门之最上乘。噫！亦已过矣。"（《〈大学〉问·跋》）王学末流，竞倡"现成良知"

之说，结果知行不复合一，又陷入"知而不行只是不知"之弊，其去阳明之本意远矣。

第二篇

王阳明生活

——王勉三 著

第一章　幼年生活与其家庭

第一节　世代的书香门第

要是提起阳明的家庭，可以用八个字来概括它。哪八个字呢？就是"书香门第，诗礼人家"这八个字。自从他的六世祖性常，一直到阳明，代代都是饱学名士，而且都是气节高超、孝行纯笃的。阳明的一生学问事业，实在受了家庭不少的影响。

阳明最初的祖先名览，是晋朝光禄大夫，原本琅琊人。览的曾孙羲之（就是我国称为"书圣"的），少随父旷渡江，家于建康，不久徙会稽；后来子孙又迁剡之华，再迁石偃，复迁达溪。二十三世迪功郎名寿者，重迁至浙江余姚。由此以后，再也没有迁移到别处了。

到元末明初时，阳明的六世祖，名纲字性常的，以文学知名，兼有大将之才，尤善识鉴。元末，天下大乱，奉母避兵于五泄山中，少与明诚意伯刘伯温友善。元亡明兴，刘伯温特荐于朝，时性常年已七十，而齿发精神还如少壮，官为兵部郎中。不久，潮民不靖，遂擢广东参议，往督兵粮，携十六岁子彦达往，竟及于难。彦达亦随入贼中，见父被害，则从旁哭骂求死，贼欲杀之，其贼酋不允，并容他缀羊革裹父尸而归，御史郭纯奏其事闻于上，为庙祀增城，并录用彦达。奈彦达痛父之死，愿躬耕养母，终身不仕，所以没有出来做官。

与准字公度，乃彦达子。少秉父教，隐居不出。时朝廷督有司访求遗逸甚严，使者至县，欲起翁，翁闻亟避，因而坠崖伤足，始免。但又恐有罪，不得已，以子世杰代之。与准长于《易》，曾著《易微》数千言。

世杰少有圣贤之志，尽通四书五经，及宋诸大儒之说。代父被征，备邑庠弟子员，旋即无意仕进。母临终时，嘱以家贫宜仕，乃应贡。祭酒陈敬宗荐于朝，未报而殁，著有《槐里杂稿》数卷。

天叙名伦，世杰子，人称竹轩先生，这就是阳明的祖父了。他的父亲死后，遗留下的仅仅书史数簏。竹轩于书无所不读，故异常渊博。魏瀚说他："善鼓琴，每风月清朗，则焚香操弄曲；弄罢，复歌古诗词，而使子弟和之。识者谓其胸次洒落，方之陶靖节、林和靖无不及焉。"我们由此也可想见其为人。阳明之所以能成名，受祖父影响颇深，尤其是文学的方面。

阳明的父亲，名华，字德辉，别号实庵，复号海日翁。因曾读书龙泉山中，所以人又称他为龙山先生。从小，其祖授以古诗歌，经耳后便能背诵。六岁时，便道德非常之好，能拾金不昧。幼年气概迈众，见者无不惊叹。应试，大魁天下。不畏权势，敢于谏君之失。阳明忤刘瑾，瑾移怒德辉。瑾微时极慕德辉品望，闻阳明的父亲即是德辉，怒稍解。阴使人召德辉，谓一见可立令跻相位。德辉峻拒不可，因此瑾欲陷之为快。母亲岑夫人殁后，寝苫蔬食，哀毁逾节，那时他也已有七十多岁了。阳明的道德，多为他父亲遗传，"有其父必有其子"，这话真不差呀。

德辉的元配夫人姓郑，就是阳明的母亲。阳明出世不久，他母亲便与可爱的亲儿长别了。继室姓赵，生了一女，嫁给徐爱（字横山，乃阳明门人）。又生二子，名守文、守章。侧室姓杨，生守俭。都是阳明的兄弟，但都远不及阳明。

阳明的夫人姓诸,因不育,抚从子正宪为子。诸卒,继娶张夫人,生一子,名正亿。生后不久,阳明便死了。

阳明的天资,本来就聪敏异常,又加之生到这样的好家庭里,受的又是家庭中良好教育,再复感受祖父、父亲的道德、文学影响,故能成就如许大功业,造成一个伟大的哲学家。

第二节　奇异的诞生

说起阳明的诞生,好像是一篇神话体的小说。你若说是"荒诞不经,不足为信"罢,他的朋友及门人都写述得实有其事,不像是杜撰的;你若说是相信他的朋友和门人的写述罢,却又荒谬异常,毫无可信的价值。科学家说"事所必无",宗教家或者要说"理所或有"。总之,作者所叙述的,乃是根据阳明的朋友与门人等所传说;至于太荒诞不经的,则不能不删削去了。

大凡普通的小孩子,在母亲腹内到了十个月,就要如同瓜熟蒂落了;阳明却是不然,他比别人要多四个月。他母亲妊娠了十四个月,阳明才诞生,这事奇不奇怪呢?

这事还不能说是绝对的奇怪,奇怪的事,还在后面呢。

在阳明刚要诞生的时候,他的祖母正在熟睡,忽然天上五色云里,立着一个绯袍玉带的神人;鼓吹导前,神人手里抱一个很可爱的婴儿,由云中降下,把婴儿授给阳明的祖母,说"这个佳儿,是特地送给你家的"。祖母大喜。哪知陡然惊醒了,方知是个梦。正在暗思这个梦做得古怪,忽闻家中有小儿啼哭的声音,于是便有人来报喜,说是添了孙儿了。阳明的祖母,便知这个小儿的来历不小。又将这个异梦告诉给阳明的祖父听,他的祖父也为之惊奇不止。因此给阳明起个乳名,叫做云,意思说阳明是云中的神人送来的。渐渐人人都知道这件奇事了，于是大众便指阳明诞生的所在，名为"瑞云楼"，也无非是说这是一种祥瑞的意思罢了。

这事已就算得是件奇事了，但是还不止此，奇事还有啊。

阳明一出世，便得一种怪病，这个病，就是不会讲话，天生的一种哑病。普通的小孩子，到了两三岁，就要学讲话了。阳明到了五岁，还是如同哑巴一样；除了能啼哭以外，简直一句话都不能讲。这一来，倒使家里的人忧虑万状。任凭如何高明的医生，请来诊治，都是束手无策。虽然吃了许多药，也毫无一点效验可言。大家都以为阳明成了一个天然废疾的人，恐怕不易治痊；哪知偏偏来了一个奇怪的和尚，不用药，只要三言两语，就把这个废疾治好了。你看，这是多么怪异啊！

有一次，阳明在门前同着一些小孩子正在嬉戏，忽然来了一个和尚，求见阳明的祖父竹轩，并说能治阳明的哑病。竹轩当然非常快乐，又命阳明来拜见和尚。和尚一见阳明，便叹惜着说："好个小儿，可惜把给你们说破了！"又向阳明的祖父说道："天机是不可泄露的，你们如何就随便拿来泄露呢？你们既然泄露，他自然不会讲话了。"阳明的祖父，也大为悔悟。和尚说毕，就飘然而去。阳明的祖父，便把阳明的"云"的名字改了，不许他人再唤作"云"。重又给阳明取个名字，叫守仁，字伯安。果然古怪，名字一改，阳明也忽然能张口讲话了，这究竟是不是一件很有趣味的奇事呢？

第二章　不凡的童子

第一节　一个天才的小诗人

"诗人"两个字，是多么清雅而又神圣的。一个小孩子，居然也号起诗人来了。他不但是个小诗人，并且还是一个有天才的小诗人，这真值得人们赞羡不已啊。

阳明确是一个富有天才的孩子，记得有一次——那时不过六七岁——他忽然背诵起他祖父曾读过的书来，而又诵得很纯熟。祖父非常的惊异了，就问："你这个小孩子，年纪这么小，又没有读过书，如何能知道背诵，而且背诵得这样的纯熟呢？"他笑着回答说："我先前，口里虽然不能讲话，但听却是会听的。因曾听得祖父读书，我在旁边也默记得很熟了。"

他的祖父知道，这是天生的夙慧，心里也自然非常愉快。

祖父从此，就教阳明读书。他的祖父，是个极有学问的大儒，阳明又是个聪颖绝伦的小孩子，这读书进步之速，不问可知，是有一日千里之势了。

阳明十岁的时候，他父亲已应试中了状元，于是派人回家迎请阳明的祖父至京侍养，阳明便随着祖父，与可爱的故乡暂告离别，一路到京师来。

到京后，有一天，他的祖父，带着阳明，约了许多朋友，到金山寺里去饮酒游山。来的也尽是知名之士，他们饮着高兴了，大众都提议吟诗。这位富有天才的小诗人，表现他天才的机会也来到了。

许多诗人，正在捻须的捻须，搔首的搔首，时候已过了许久，诗都没有作出来；这位"初生犊儿，不知畏虎"的小诗人阳明，却早已将诗作好，再也忍不住不说了："你们的诗，还没有吟出，我的诗却已作好了。"

这真是笑话，以一个十一岁的小儿，连乳气都没有褪尽，居然在一般大诗人面前，自己承认会作诗，这不是笑话吗？无论是谁，恐都不敢相信吧。

阳明的天才，知道的只有他的祖父。于是就命阳明将作好的诗吟出来。阳明念道：

金山一点大如拳，打破维扬水底天。

醉倚妙高台上月，玉箫吹彻洞龙眠。

等阳明念完这首诗，把大众都惊异住了。但他们还不敢十分相信，疑是他祖父的代笔，故意使他孙子来博一个天才之名的。

这真是的，以一个垂髫的童子，就会吟诗，并又作得这样好，谁个能相信这事呢？

于是想出一个面试无弊的法子，就是另出一个吟《蔽月山房》的题目，要阳明当面作出来，借以观其真伪，就可知道，内中是不是他祖父作的弊。

题目一出，这个童子，便毫不思索地又吟了出来：

山近月远觉月小，便道此山大如月。

若人有眼大如天，还见山高月更阔。

这一下，真把大众惊住了。果然诗人是没有年龄限制的。于是，大众再也没有什么异言，只有惊异！赞叹！羡慕！悦服！

他祖父从此又更加喜欢他了。

第二节　何为第一等事

在幼年时候，阳明便豪迈不羁，颇有侠士之风。一个礼教信徒的父亲，于是忧虑起来。他恐怕他的儿子天生一副好灵性，一旦误入歧途，则会拿来误用了，似又太可惜。因此便想聘请一位学识湛深的先生，来约束训导，使阳明能日往上进。——父亲是常常这样地怀忧着。

但祖父却知道孙子是决不会走入歧途的；他确比阳明的父亲，还能了解阳明。这原因，就是阳明从祖父在家读书，他就知道的。阳明幼年的品格、气质、心性，都为祖父所深知，故此，祖父觉得阳明父亲的怀忧，是完全不曾了解他的儿子的缘故。

怀忧的父亲，终竟请了一位先生来，教阳明读书。

有一次，阳明和一个同窗学友，走在长安街上，偶然遇着一个看相的相士。相士一见阳明，便要看阳明的相；看完之后，便说道："我与你相之后，须要记着我所说的话：你的须到拂领的时候，便是初入圣境了；等到须上丹田时，便是在结圣胎了；再后，若是须到了下丹田，那时圣果已圆，你就做了圣人了。"说完之后，相士便走了。

以一个十一岁的小孩子，就会给相士相出将来会做圣人，并且果如相士之言，丝毫不爽。这是相士的相法灵验呢，还是后来好异的人所附会的呢？……

自从听了相士的言语之后，阳明果真受了感触，常常对书静坐凝思，想学做圣人起来了。一个小小的童子，就有志要学做圣人，这是何等的志向！何等的胸襟！即此一端，也就够做一般少年的模范呀！

因为要立志学做圣人，就觉得世上再没有比这还重要的事，于是就去问他的塾师道："什么是人生第一等的事？"那位脑筋充满了利禄思想的塾师回答道："读了书，登了第，做了官，这就是人生的第一等事。"真的，在腐儒的心目中，这"读书、登第、做官"六个字，确是人生第一等事。读书的目的，是在应试登第；应试登第的目的，是在做官；做了官之后，人生至高无上的目的，乃算达到，便死而无憾了。哪知阳明却志不在此，他说："读书希望登第做官，恐怕不是第一等事罢！读书希望学圣贤，才是第一等事呢！"

这样大胆无畏不疑地说出这一句"读书学圣贤才是第一等事"的话，足使他腐朽的老师，为之咋舌惊异。使他不能不佩服他学生的立志之高超，他更不能不惭愧自己的立志之卑鄙。

过后，这话给阳明的祖父也知道了。便笑问着阳明说："你读书是要学做圣贤吗？"祖父是这样笑问着，由此，也可知他心里喜慰是如何了。

在此时，阳明做圣人的种子，已经播下了，我们再向后看：它如何萌芽！如何灿烂！如何结果啊！

第三章　少年时代之阳明

第一节　慷慨的游踪

到京师居了两年，出了一件最不幸的事，并且是抱恨终天的一件不幸事啊！

当他在京，忽然听得一个最不好的消息。原来他慈爱的母亲，竟抛弃了她十三岁的儿子阳明，而瞑目长逝了。

这是多么悲惨的一个消息，当他初听知这个噩耗的时候，几于心胆俱裂，肝腑俱摧。他此时伤痛，几已达到了极点。

从此，他才觉得"死"是人生第一悲痛的事，而且是没有法子可以避免这个"死"字的。因为演了这一幕悲剧之后，他渐渐感觉得人生的可厌，于是，就起了修道学佛的念头。因为"道"与"佛"，是能不死不灭的。他的人生观，和他的思想，已趋向消极态度一途了。

因母亲的死，几乎使我们这位大哲学家，跑到佛、道两条路上去，永远不到儒家的这条路上来。还好，他的消极态度、悲观思想，不过一时的为情感、意志、环境所冲动；故不久，仍旧恢复原来的思想、态度。

阳明在京又住了许久，于是抛却一切悲观消极的思想、态度，想做慷慨的游历了。

游历出发的目的，是在居庸关外。因为此时，国内正盗贼蜂起，国外又边患迭生。他很想借此到关外去，研究一个御边之策。

原因是：国内的盗贼，比较上易于剿平，不致为什么大患；最堪忧虑的，是边寇猖狂，以致大好神州，有沦于夷狄之隐患，所以便要想法子去抵御它。这是阳明眼光远大、见识精到的地方，也是他将来政治上极有名的主张。

到了居庸关，便至许多夷人所在的种落，窥察边地形势，又历询诸夷人的情况，于是边情利害之处，了然已有成算，早以得着御边之策。后上疏所陈《边务八事》，就是此次游历考察的心得。也算没有辜负这次游历的本衷和目的了。

他又知道，国家正值多事之秋，仅仅晓得握管作文，是不能为国纾忧、经略四方的。便在关外，跟随着胡人学习骑射，练得很为纯熟，胡人也不敢稍为侮犯他。他要练习骑射的宗旨，是要为国效劳，抗御外侮。从此，我们可知他真是意气卓越、一个爱国好男儿呀！

因爱国思想，久萦脑际，于是，思起古时一个爱国家、御外侮的马伏波将军来了。他很企慕马伏波，能立功异域，为国争光，是青年一个最好的模范！他因企慕马伏波太切，故有一次，曾梦谒马伏波庙，他还作了一首诗。诗道：

卷甲归来马伏波，早年兵法鬓毛皤。

云埋铜柱雷轰折，六字题文尚不磨。

阳明这首诗的隐意，便是想继伏波之风，立功异域。可惜他虽有伏波之志，但因环境与伏波所处者不同，只好仍让伏波专美。一个负有绝大军事学识之爱国者，仅仅只在国内作剿贼平逆之用，不能如伏波一样，立功异域，这是多么可为阳明惋惜的事啊！

他因天下沸乱，很想将自己研究的心得，上策朝廷，藉供采择，但是被祖父阻止了，并斥他太狂妄。虽然此时被祖父所阻，可是后来他还是陈了《边务八事》的疏，究竟将他的心得，贡献于朝廷了。

第二节　新婚

阳明的婚事，是从小由他父亲做主，替他订的。这次在江西，要举行婚礼。因新婚，而在新婚那天，就闹出一件极有趣味的笑话。这个笑话，至今还留在后人的口中，永远永远地不会忘记。

他的外舅，姓诸名养和，是江西布政司参议。闻知阳明已由京回归余姚，又知他已有十七岁，而自己的女儿，也已成人，正是"男大当婚，女大当嫁"的时候。于是命人到余姚去请阳明，亲到江西来迎娶。若是依阳明的意思，似乎还可以再过几年也不为迟，无奈祖父母抱孙的心太切，只好依从。原来他心里，总蕴藏一种修道的观念，没有抛弃，故此对于婚事，却倒是非常冷淡。

到了江西，就到外舅的官署里委禽。新婚合卺的那天，自然花烛辉煌，非常热闹。在这热闹的时候，那位新郎王阳明，却不见了。于是四处寻觅，结果渺无踪迹。把诸家惊骇疑虑得不知怎样才好，尤其是一般贺喜的宾客，更弄得莫名其妙，都纷纷诧异猜疑不止。聪明的读者，请暂时掩卷，莫看下文，来猜一猜，这位新郎为什么事不见了？究竟到什么地方去了？这真是一个极有趣味的哑谜呀。

原来这一天，因太热闹了，这位好静的新郎，实在很厌恶这样，所以乘人不备的时候，便私自出了官署，往外面闲游。不知不觉的，却走到了铁柱宫，进去看见一个精神健旺的道士，在榻上趺坐，阳明是个极想修道的，今见道士，正好借此问修道养生的道理，于是便同道士谈论养生问题起来。道士音如洪钟，滔滔不绝地往下谈，阳明也津津有味地往下听，最后相坐对谈，更觉投机。阳明此时，已听得入迷，把身外一切的事都忘了。什么洞房花烛？什么百年大事？他一古脑儿都不知忘在什么地方了。他已忘记自己还是一个将要饮合卺酒的新郎，更忘记还有一位新娘子，在那里冷冷清清、孤孤凄凄地等候哩。

就是这样同着道士相坐谈了一夜，直到第二天，才被诸家的人找着。这时，他方才记起来了。记起昨天，原来是他的新婚佳期，被自己糊里糊涂地同道士谈忘记了，只好重又回来，补行婚礼。这样健忘的故事，真是古今少有，阳明个性之奇特，于此也就可以想见了。

结了婚之后，在外舅的官署里，闲着没有事情可做，看见官署里藏蓄的纸很多，便天天临池学书。许多箧里的纸，都被他临写已完，由是书法大有进步。他曾自己说过，他临帖学书的心得道："吾始学书，对模古帖，止得字形；后举笔不轻落纸，凝思静虑，拟形于心，久之始通其法……"

在以前宋朝的时候，有个东莱吕祖谦先生，也是在新婚蜜月里，著了一部文学杰作，叫作《东莱博议》；而这位阳明先生，在新婚后临帖学字，书法大进。这都是我国文坛上，两个最有名的佳话。

第三节　学生生活

无论什么人，要想成一个伟大人物，必须先要从名师受业。翻开中国伟人的历史来看，哪一个不是受了名师的陶镕、指授，才能成就他的大功业、大学识，我们的阳明，自然也不能逃出例外。他有两个先生，一个是教授文的，一个是教授武的，现在来分别说之：

（一）娄一斋——教文的娄一斋，名谅，上饶人，是个大学问家。对于理学——就是哲学，有深切的研究，那时正在广信讲学。阳明在江西结了婚之后，便带着他新婚的妻子，同归余姚。舟至广信地方过，闻知娄一斋在此讲学，他素来听说一斋学问非常之好，他就很为钦慕，苦于没有机会去见晤一次。这回恰好路过此地，便舍舟上岸，前去访谒。一斋见了阳明，异常喜爱，于是对阳明谈了许多宋儒"格物"之学。并又说："圣人是可以学得到、做得到的。"这一次的谈话，使阳明得了不少的益处。娄一斋是个大理学家，所说的话，都是极有价值的。阳明想研究哲学的动机，便在这时开始了。后来能够发明"知行合一"的学说，在中国哲学史上，创辟一新境域，也得力于这次一斋谈话影响的不少。所以一斋就是阳明的第一个先生。

（二）许璋——教武的许璋，字半圭，上虞人，是个大军事学家。凡天文、地理，及孙、吴韬略，奇门九遁之术，无不精晓。阳明的军事学识，多半受之于半圭。我们只看这样会用兵的阳明，就可以推测他的先生半圭的学问了。半圭是个淡于名禄，而又爱讲修道的。阳明在阳明洞养病时，也常同他的先生半圭，共参道妙。及阳明大功告成之后，送半圭一些金帛，半圭丝毫不肯受。阳明又想荐之于朝，半圭反说道："爵赏非我所愿要的，你又何必以这些东西来相强呢！"后来活到七十多岁才死。阳明以文哭之，题其墓曰："处士许璋之墓。"

这两个先生，真可说是阳明的两位益师。学说上的成就，得力于教哲学的先生娄一斋；功业上的成就，得力于教军事学的先生许璋。要是没有这两位先生，阳明无论怎样，不能成就这样的伟大，然这正是阳明之幸啊！

在这年，龙山公因丁外艰，回归余姚，于是命阳明和从弟冕阶、宫同着妹婿牧相等，在一处研究八股文，讲经析义，预备应试科举之用。人多一点，也无非是取其易收切磋之效。阳明白天里，对于课业，倒不十分用功去练习；可是每天晚上，候其余的人都入睡乡之后，他反而搜求经、史、子、集，殚精穷思地研究起来。

他为什么要这样呢？原来他另抱了一个宗旨。他觉得学习八股文，无非徒供猎取功名仕禄之用，此外就毫无用处；至如经、史、子、集，是人终身受用不尽的，而且是每个人，都应当研究的。所以，略于八股，而独特别致力于经、史、子、集了。

过后，他的三位长辈同学，冕阶、宫、牧相，都觉得阳明所作的文字，大有突飞猛进，一日千里之势，愈作愈佳，竟无半点瑕疵可寻，均皆自愧不如。及知阳明在每天晚上，另又用功于经、史、子、集，于是都赞叹着说："他原来在学八股文之外，又另去用功于经、史，那我们怎能及得他呢？"

可怜的他们，只知以仕禄为目的去研究八股文，哪知世上还另有大学问、大道理，亟须研究的。他们要不是因附着阳明的一点关系，恐怕他们的名字，我们都莫能知道——虽然我们不甚景仰他们——他们只有寂寂无闻，同草木一般腐朽了。由此可见，人去研究学问，也须要放开远大眼光，立定高尚宗旨，不误入歧途才对呀！

阳明因多读书，气质也一天一天地变化了。他先前有一最不好的习惯——少年最容易犯的坏习惯，就是善谑；换句话来讲罢，就是他先前很喜作轻薄语。这当然是一个不好的毛病，他自从研究圣贤书籍之后，已觉得这是很不好的习惯，非得速改不可。他悔了，他悔以前这许多的过失了。

他立志改过之后，由是不蹈先前的覆辙了。气质陡然一变，大众都很惊异起来。他们惊异阳明，忽然去了淳于髡、曼倩的谑态，却蓦地戴上一副晦庵、伊川的理学面孔了。于是都来诘问他，为什么这样？他回答说："我先前爱放逸善谑，现在我已悔悟，那都是过失，我决定立志改去不再犯了。"大众虽是听着他这样说，可是还不敢十分相信他能毅然勇于改过。等待过了许多时，方才证明他的改过，并不是欺人之谈。大众不由得不对阳明肃然敛容，发生敬重之心，再也不敢同他来戏谑了。

第四章　应试生活

第一节　三人好做事

　　弘治五年，浙江举行乡试。那时的明朝，对于科举考试，是特别注重的。读书要想出人头地，都非去应试一下不可。像这种科举制度，专门考试八股文，本来不是一件好事，无非牢笼人才、桎梏思想罢了。古人也曾骂它是："作经义贼中之贼，为文字妖中之妖。"但你不要出头便罢，如想出头，那么，这道关口——科举，不从此经过就不行。

　　阳明的父亲，便是此中出来的第一个成功的人——状元，当然也想他的儿子，同他一样成功。所以在家命阳明学习八股，就是为的应试。在此，我们不能责备阳明同他的父亲，说他们是脑筋腐败。要知那时读书，除了习八股去应试，再没有第二条出路呀！

　　这次浙江举行乡试，当然是读书人出头的机会到了。阳明也来此应试，哪知在考场中，夜半的时候，忽然发现两个很长大的人，都穿着绯绿的衣服，东西分立着，大声说道："三人好做事！"说毕，就不见了，许多来应试在场的士人，都异常惊异，更不知这句"三人好做事"的话，是含着什么意思。本来爱迷信差不多成了中国人的第二天性，尤其是在考场里。就是没有什么事情，也要疑神疑鬼，闹得不休；何况真又出现这两个长人，并且大声讲了话呢？

　　"三人好做事"这句话，究竟含着什么意思呢？又说的是哪三个人呢？这个问题，盘旋于在考场应试的士人的脑际，结果总不能找出一个相当的答案。

还是等阳明擒了宁王以后，这个问题，便给人们答了出来。

长人口中所指的"三人"，就是胡世宁、孙燧与阳明。在这次应试考场里，他们三人，恰都在内。后来宁王图谋不轨时，首先摘发其奸的，便是胡世宁；其次，尽忠殉难的，便是孙燧；又次，平逆擒藩的，便是阳明。至那时，人们方才明白了长人说的话的意思。所指的"三人"，即是胡、孙、王；所指的"事"，即是宁王的叛逆。

这确是一件特别凑巧的事，宁王之乱，几危及明室鼎祚，幸亏一个胡世宁，首先摘发其奸，使人知濠之恶，不去归附；又亏一个孙燧，慷慨尽忠，使人感愤勃发，纷纷抗贼；又亏一个王阳明，设计调兵，平乱擒逆；由是明室社稷宗庙，均告无恙。而这三人，既是同乡（均浙江人），又是同榜（这次浙江乡试均被取中），复是同一事（宁王叛乱），这不是一件最凑巧的事么？

至若考场中，两个长人所讲的话，虽然幸而言中，但终恐是后人因他们三人同乡、同榜、同事，故加附会，亦未可知。实在是太说得神乎其神，教我们不敢相信呀！

第二节　两次京师会试的失败

浙江乡试已毕，阳明在家就取朱熹所著的遗书，沉思研读，欲求宋儒格物之学。有一天，想到先儒谓众物必有表里精粗，一草一木，皆涵至理。于是就取竹来格，格来格去，结果还是格不出其理，由苦思而致得疾了。这种研究学问的精神，就是后来造成他哲学发明的因子哩。

因格物不得其理，渐觉这"圣贤"二字，自己是没有分了。连圣贤的道理，都不能明，如何可以做圣贤呢？此路不通，于是又去研究词章之学，打算做一文学家了。

到了次年春季，就是会试京师的时期，阳明与试，不料落第而归。以一锐进的少年，忽然遭了这一个打击，心里的不快，是不言可喻。但我们莫误会了他，不是为落第、得不着仕禄而不快，他实在是抱着一腔爱国的热忱，未曾发泄，不能不借这科第，作为进身阶梯，方可立功报国，显亲扬名；若是以为他是急于求进为利为禄，那就未免误解了他哩。

在那时，有个宰相李西涯，素来是很器重阳明的。见他这次落第，心里非常惋惜。并且还对阳明慰藉着说："你这次科第，虽然失败，但来科的状元，是一定会归你的。"又戏请阳明作一篇《来科状元赋》，他也就提起笔来，略不思索，一挥而成。当时在座的诸老，无不赞称之为"天才"，西涯也自佩服赞赏不已。

后来这事，渐渐传将出去，便有许多人嫉妒起来，说："要是让阳明真个做了状元，他的眼中，还有我们这些人吗？"于是一个天才卓越、意气飞扬的少年，几成了众矢之的。

过了三年，又要京师会试。预备做来科状元的阳明，因遭忌抑者的暗算，结果大失所望，还是"名落孙山"。与阳明同舍应试下第的人，都以这落第为耻，非常懊丧。哪知阳明，却完全不以为意，反来慰藉着别人说："这应试落第，算得什么一回事呢？诸君还以此为耻么？我却是以不得第而动心，方才为耻哩！"大家不得不佩服他的胸襟阔大。真的，对于科第荣辱，实在不在阳明的心上，得了也没有什么可骄，失了也没有什么可耻。看他后来，对他的门人徐爱说"君子穷达，一听于天，但既业举子，便须入场，亦人事宜尔。若期在必得，以自窘辱，则大惑矣……"的一篇话，就可知道他这时，不是矫情骗人了。

两次的失败，在普通人，是无有不懊丧万状的，然而阳明却不如此。他回到余姚时，与一般朋友，反在龙泉山寺，结起诗社来。每日拈题分韵，大作其诗。阳明的文学天才，本就超群绝伦，无出其右，而他的诗，更是旁人莫能及。那时，有个致仕方伯魏瀚，也是个作诗的能手，原是阳明的父执。有次与阳明共登龙山，对弈聊诗。不料所有佳句，总是被阳明先得了去，魏瀚实在佩服到了极点，连说："你的才太高，我惟有甘拜下风，退避数舍。"可惜他在少年时代的作品，集里大多数未曾收入。有人说，这是因他年少的作品，未臻炉火纯青之候，故不收入集中。但我们可以断定的，魏瀚既是个雄才自放的老诗人，也这样的佩服，被他压倒，作品当然总还不坏，惜乎我们不能一读，真是一个遗憾啊！

第三节　少年时代的矛盾个性

阳明在余姚住了些时，仍又到京师来。这时边警甚急，举朝仓皇，朝廷想推择一个有大将之才的去捍卫国家，抵御外侮。可是一般醉生梦死的朝臣，谁都不敢负起卫国御侮的责任。即使有一二忠义奋发之士，但又非大将之才，不能荷此重任。阳明感到国家需材如此之急，而真材又如此之缺乏，专靠文事，是不足卫国御侮的。于是就立志从事兵家之学，并慨然说："武举之设，仅得骑射击刺之士，而无韬略统驭之才，平时不讲将略，而欲临时备用，不亦难乎！"本来，阳明对于骑射，早就娴习，对于军事学识，也受过了许璋的传授；但因为专心文事，所以对于军事一道，倒忽略未讲求了。这次受了边患复炽的感触，又才觉得军事之学，是不可抛弃，而且很为重要。于是便把兵家的秘书，一一精研熟究起来。

要是说起阳明少年时代的个性，却是一个极矛盾，而又极可笑的。一会儿抱着极端入世主义，一会儿又抱着极端出世主义；一会儿要学文，一会儿又要学武了；一会儿报国心极重，一会儿又一切都不愿管，只抱个人享乐主义，入山修道了。这大概是他太富于冲动性的缘故，只要环境一有转换，他便会受这转换的冲动，把原来的宗旨、心情，都给改变了，连他自己都拿不定。你看他刚才把一切抛开，专致力于研究兵法，预作他日为国效忠，这是何等爱国精神的表现！可是，不久他就变了宗旨，又去弃武习文了。依然又去研究哲学了。

自从探求格物之理不得，乃去致力词章艺能之学，后来又觉这是不足以通至道的学问，也没有什么大用处，便就遗弃，仍复回头研究哲学。又因自己所学不足，想遍访天下名师益友，互相切磋启导。但又不遇，他已徘徊歧路，惶惑莫知所从了。

有次，又去翻阅朱熹的书籍，忽读到上光宗的疏内有段"居敬持志，为读书之本；循序致精，为读书之法"的话，心中很悔以前自己的错误，虽然探讨甚博，却未循序致精，宜乎无有所得。于是，一反前之所为；又循其序，思得渐渍洽浃。但是，物理终是物理，吾心还是吾心，总判然是两样东西，不能融合为一。愈思脑筋愈模糊，愈不能得其解了。沉郁既久，老病复发，他更觉得这"圣贤"二字，自己确实没有份了。

因两次沉思朱熹的学说，不得其解而致病，使他渐感觉朱子的哲理，有许多短缺地方，不得不另图开辟。结果，便造成千古炫耀、与朱学并驾齐驱的"王学"。

为厌弃哲学，又偶闻道士大谈其养生之论，"圣贤"已知无分，遂想跟着道士入山修道，去讲养生的学问，不再过问世事。这个念头一起，他的人生观，陡地又变了。

　　一时要报国，一时又想入山；一时想做圣贤，一时又想讲养生；一时热度几达沸点，一时又降到冰点之下。学业复杂，信仰无定，我们无以名之，惟有名之曰：环境冲动的矛盾个性而已。

　　弘治十二年，阳明已有二十八岁。在这年春季，又届会试之期，想入山做道士的念头，已经收起，又是豪兴勃勃，要来雪以前二次之耻了。揭榜之日，赫然名居南宫第二，赐二甲进士出身第二人。虽然不是状元，却比状元也差不了几多。有志者事竟成，以前之二次失败，就是助成这次的成功。较之一般稍为失败，而就气沮神丧、不再求前进的少年，真有天渊云泥之比呀！

　　一脚跳进了宦海，生活上自然起了大大的变化。这次试中，就是生活转变的一个大关键。我们看他少年的生活，已闭幕了；而政治的生活，却启幕将开始表演了。

第五章　初入仕途的政治生活

第一节　游历心得的贡献——御边政策

这一次会试，本来是应让阳明居第一名的，因为徐穆力争，所以退居第二。虽是第二，却反比第一名徐穆的声望大得多，天子又命他观政工部。这时他已成为一个新贵少年，大有意气不可一世之概哩。

秋间，工部特差阳明去督造威宁伯王越的坟墓，阳明很勤苦地替他鸠工修造。后来造好，威宁伯王越的家里人都很感谢，特地送他许多金帛礼物作为酬劳，阳明丝毫都不肯受。威宁伯家里的人，见他坚辞不受礼物，只好再用别的东西来送给他。明知财物他决不受，除非是点高贵清雅的物品，或者他还肯留下。想来想去，只有威宁伯自己用的一把宝剑，现在还遗留在家里，而且家中又没人会使用。于是便把这剑送给阳明，并坚要收下，不准再辞。阳明一见这剑，心中不胜惊异。原来他在未及第之先，就梦见威宁伯赠他一把剑。现看见的，就是梦中所见的宝剑一样。这样奇巧的事，教他如何不惊异呢？一来是威宁伯家里的人要他非收留此剑不可，二来正符梦中情事，所以就拜谢收了下来。

有天，京师忽然天空里彗星发现，弄得京师内外，人心惶惶，惊惧变色，都视为大祸将至。这时又值边境不宁，虏寇猖獗，愈觉疑虑纷纷，连天子也有点心惊胆战。因为这个彗星，是个极不祥之物，如果一出现，就是刀兵四起，国事陵夷的先兆，惟有赶快设法禳解才好。至于禳解的法子，就是天子自己向天祈祷，引过自责；又一方面，下诏求言。这次京师忽然发现这个不祥之物，天子当然也异常忧虑，循例向天祈祷，又循例下诏求言了。

求言诏一下，阳明发展抱负的机会，也就来到。蕴积胸中的治边政见，借此正可以大大地发泄一下，于是便上了一疏。这篇疏内所陈共有八事：第一，是蓄材以备急。他眼见那时朝廷，虽设武举，所得不过偏裨之材，并非能韬略谋猷的大将。而公侯的子弟，又是虚应故事，阳奉阴违。一会议便仓皇失措，如何还能负起大任？国家不预为储蓄大将之材，以备急需，这是最危险的。第二，是舍短以用长。他觉人才是不易得，过于吹毛求疵，决定是不对。即子思所说"勿以二卵，弃干城之将；勿以寸朽，弃连抱之材"的意思。第三，是简师以省费。这是主张兵贵精而不贵多。多而不精，且又耗饷。第四，是屯田以给食。这里颇含有寓兵于农之意。也是省饷持久的兵家要诀。第五，是行法以振威。这乃他愤恨当时一般丧师辱国的人，借着来头大，靠山好，虽是丧师辱国，却反逍遥法外，"朝丧师于东陲，暮调守于西鄙"。这样法等虚设，如何不懈战士之心、兴边戎之怨呢？惟有严厉执法，不稍宽徇，方可克敌制胜。第六，是敷恩以激怨。这是说要抚恤为国丧亡的将士，使死者无怨言，生者会感动。一方面激励其爱国心，一方面又使其恨敌复仇。第七，是捐小以全大。即兵法"将欲取之，必固与之"的诱敌之策。第八，是严守以乘弊。这是说中国的军队，工于自守；胡虏的军队，长于野战。最好用中国军队之所长，严守勿战，蓄精养锐，以逸待劳，乘其疲罢，然后用奇设伏，出其不意，以击溃之。这篇疏是阳明以前调查胡虏虚实、研究兵法秘诀、参合当日情势的结晶，也是阳明初步政治军事才能的表现。因其见得远彻，所以说得这样剀切。只可惜因权臣秉柄，天子暗弱，竟把这疏摒置而不采用，以致国势日削，竟召覆亡之祸，都是明代天子自取啊！

第二节　九华山之游

自陈上《边务八事》的疏后，阳明的声望，更加隆起。天子虽然未采用他的奏疏，但是也很器重他有胆有识，才能迈众。授他为刑部云南清吏司主事职，并命他往直隶、淮安等府，会同各该巡按御史，审判重囚。什么叫做重囚呢？就是犯了很重大罪的人，名为重囚。这些囚犯，其中真实犯了很重大罪的人，固然不少；但是没有犯罪，受了冤枉的，也不能说绝对无有。阳明在审判的时候，很为留心注意，丝毫不忽，一件一件，都断得异常清楚公平。有罪的自然逃不出森严的法网；无罪被诬的，自然就都得释放。狱平之后，人民都称颂不已。

在京当小京官，乃是最清闲的一个差事。阳明也是小京官中之一，幸亏还做了两件事——造威宁伯坟，与审江北重囚——借以破破岑寂，一到这两件事办完了之后，依然还是过清闲的日子。有次，忽动游山之兴，乃往安徽青阳九华山去游历，游毕还作了一篇《九华山赋》，这赋作得颇为当时人所传诵的。

他作的赋内并含有三重意思：第一，抱着救国救民的极端入世思想；第二，因入世不能，却又抱着独善其身、个人享乐的极端出世思想；第三，是如若初心可绍，还是入世贯彻初衷为得。这赋实可以代表此时阳明的思想，由此也可窥见其生活尚在歧路上彷徨着。这赋里前面多是说山，后段则几全是述个人的怀抱。我们于此要认清此时的阳明，乃是一个极端入世主义者。他的出世观念，乃是由于入世不能所致，决非原来的本旨。他之所以想出世之切，便是他愈想入世之深了。

在游九华山时，住宿的是无相、化城诸寺。那时有个道士，名叫蔡蓬头，善谈仙。阳明遇着他时，款待极其恭敬。问他关于仙家的事，蔡蓬头答以"尚未"。阳明恐他是因人多处不便说，便避开左右的人，将蔡蓬头引到后亭，再拜而问，蔡蓬头笑道："你的后堂之礼貌虽隆，但你终忘不了官相呀！"说毕就一笑而去。原来蔡蓬头明知阳明不是学道修仙的流侣，所以不愿多谈。

这时，阳明似真要抱着求仙的思想了，恭恭敬敬地问蔡蓬头，结果反受一顿讥讪，无故被他奚落而去。照情理说，他似应死心塌地，不再往仙家的路上跑，免得白碰钉子了。但他偏不忘情，又听见人言：地藏洞有个异人，坐卧松毛，不食人间烟火，确是一个活仙人。"求仙若渴"的阳明，听了这话，好奇的心又被打动。心想：这乃是一个好机会，不要轻易错过了。于是就动身前往，沿途经历了许多的艰险，才走到地藏洞。恰巧那位异人，正在熟睡未醒。阳明不敢去惊动他，就在异人的足旁坐下，一边用手来慢慢摩抚异人的足。异人忽地惊醒了，睁眼一见阳明，也不疑讶，好像已预先知道他来了的一样，只问："路这样的艰险，你是如何来的呢？"问了之后，就同阳明谈论最上乘的道，末后又说："周濂溪、程明道，是你们儒家的两个好秀才啊！"依这话的意思，便是有勉励阳明，还是学儒家周、程最好。言外之意，便是教他莫向仙家的路上跑，免得误了自己。阳明到了第二次再去访他，异人已不在原地方。这大概为避免阳明重来，所以早就暗自迁徙别处去了。阳明只好怅怅而归。后来时常发"会心人远"之叹，就是为的想念这个异人。

在这时期，阳明好像入了魔似的，天天总在发"仙迷"，几乎除了学道修仙以外，简直再没有别的事情放在心上。我们这位大哲学家，难道就长此以往，这样的发"仙迷"么？不啊！不啊！光明的灯已在那里，辉煌开始将要照耀着他，他不久就会弃这黑暗的歧途，去走上那光明的大道了。

第六章 改过自新的生活

第一节 溺于词章仙佛之最后觉悟

阳明在幼年时候，还能遵规循矩，立志上进，哪知一到了少年时代，便任性所为，宗旨无定。学业既是复杂异常，信仰又是朝迁夕易。综记起来：一溺于任侠，二溺于骑射，三溺于词章，四溺于神仙，五溺于佛氏。这五溺之习，到了此时方才悔悟，而归正向圣贤之学。由此可以知道少时之豪放纵性，适所以锻炼其品格性情，养成其晚年之大器啊！

他在以前，原是个肆力古诗文的人，所作文字，力避当时一种模拟的风气，推倒一些陈腐的滥调，努力表现他创作的天才。至今中国文学史上，他还是高据一席，与韩、柳、欧、苏诸人并驾齐驱。可知他不独在哲学上获了大成功，就在文学上也是获了成功的。

初入京师，与太原乔宇，广信汪俊，河南李梦阳、何景明，姑苏顾璘、徐祯卿，山东边贡等人，以才名争相驰骋。这般人都是长于词章的文学家，其中更以李梦阳、何景明二人为最负盛名。阳明因这时也爱研究诗章，故亦加入他们的团体，随着一样去以文笔赌出锋头。过了一些时，他才悔悟，同这般人去争词章之虚名，是不对的，而且也没有什么好结果的。充其成功，也不过是个晓通词章的文学家，究与自己有何补益？乃叹道："我焉能以有限的精神，去学这些无用的虚文呢？"从此就收拾词章旧习，与一班词章之友告别，打算回越另找新工作来干了。

次日，便上疏告病归越调养。这也并非饰词，在以前他就有个虚弱咳嗽的毛病，幸亏有个高明医生，给他诊愈了，但是病根尚未治绝。故此嘱他服食药石，还是不能间断，否则恐有复发之虞。阳明因见病已瘥，对于医生的叮咛嘱诫，早已遗忘。自从造威宁伯的坟，勤督过度；又加以奉旨往淮甸审理重囚，沿途冲风冒寒，辛苦自不待言；复以审判时用心太过，以致旧疾又复萌芽；更以回到京师，呕心血、绞脑汁地争词章之雄；在日里要治理案牍，晚上又要燃灯攻读五经及先秦两汉的书史。龙山公也曾屡屡教他不可过劳，并禁止家人不许书室里置灯，但是每等龙山公一就寝后，依然还是燃灯重读，每每读到夜深人静，还是未曾去睡。照这样长此下去，就是再强健无病的人，也要生出病来，何况阳明一文弱书生，而又宿疾未全愈呢？他的疾之复发，是不消说得的，而且还加上一个呕血的重症。少年肺痨，似已形成。这一病势，来得不轻，龙山公也为忧虑异常。阳明自己也知道这病复发的缘由，多系劳苦过甚所致，兼之又悔词章之虚而无用，白白地糟蹋精神。因此便上了一乞养病回籍调息安养的疏，幸得天子允许，遂暂弃政治生活，回乡养病过清闲生活去了。

回乡后，便筑室于会稽山阳明洞，自号为阳明子。所以后来学者，都称他为阳明先生，就是根据这阳明子之号而来的。久在恶浊的城市中、烦嚣的生活里，一旦换到这山清水秀地方，新鲜净爽的空气之中，所见的是草色花香，所听的是泉声鸟语，便觉心旷神怡，另有一个天地。阳明的疾，忽地霍然愈了一半，他不由得不醉倒在这大自然的怀抱里啊！

静居在阳明洞，不久病已好了许多，无事时，便习道家的导引术。至于这导引术，究是何人授给阳明，则不可知。此术行之既久，渐渐能先知未来的事，现在我要引一段阳明能知未来的故事在后面。这段故事，是根据《阳明年谱》而叙述的，至若是否真有其事，作者亦不敢妄为臆断。圣人也曾说过："至诚之道，可以前知。"阳明所行导引术，是否即是"至诚之道"？究竟如何"可以前知"？那就无从知道了。

阳明在筑室于阳明洞时，有一天，他的朋友王思舆等四人，闻知他在洞中行导引术，思欲偕往一访，借观其修道若何。不料，刚行出五云门时，便遇着阳明派来欢迎他们的仆人。原来阳明，果能知道未来的事了，他已知王思舆等今日来访了，故特命仆人先往迎迓，并对仆人言：来者系为何人，同伴共有几位，由何处而来，在何处必能遇见，现在果如他的所料，毫厘不爽。仆人乃将阳明所料一一告知王思舆等，王等大为惊异，均以阳明果真得道，能知未来的事了。晤面之后，思舆等佩服恭维得几乎五体投地，阳明自己也得意非常。过后好久，他自己忽然悔悟，这行导引术能知未来，乃是左道异端之事，决不是正道。故说："此播弄精神，非道也。"由此便摒弃导引术，抛开一切杂念。已而静久，又想离世远去，但又舍不掉祖母同父亲。此念在心，总不能释。又久之，更彻底地大觉大悟了。想道："此念生于孩提，此念可除，是断灭种性矣。"于是对于求仙修道一事，根本觉悟，不再误入迷途了。从此一大觉悟，便顿由黑暗的歧途，而跃上了光明的大道。以前种种，譬如昨日死；以后种种，譬如今日生。学业复杂，变为学业纯粹；信仰无定，变为信仰专一。溺于任侠、骑射、词章、神仙、佛氏的王阳明，从此悔过自新，要做一中国的大哲学家了。要做修身敦品、重节砥行的大圣贤了。这一最后的觉悟，即是他一生成败的大关头，他的人生观，已在此一刹那之间，大变而特变了。我们在要看以后他所过的生活，须得另换一副新眼光，不可用看过去的阳明的旧眼光，来看这现在未来崇高博大的阳明先生呀！就是作者，写到此处，也是要另换一副笔墨及手腕，来叙述这位勇于改过的阳明先生之理学生活、圣贤生活啊！

第二节　授徒讲学

　　自从觉悟之后，便不再在阳明洞做这"播弄精神"的玩意儿了。一切学道修仙的迷念，被他都击得粉碎无余，离世远去消极的观念，一变而为入世致用积极的观念了。离开了阳明洞，便移居西湖，因自己的病尚未十分复原，西湖也是一个养病的最好所在。阳明趁养病的余闲，在寓则读读书、写写字；出外则周游南屏山、虎跑泉的胜景，领略山光水色，倒也清闲自在。又因心无杂骛，病也一天比一天的痊好。

　　有一次，他在湖边闲眺，见一个和尚，正在那里坐禅关。闻已坐了三年，也不语，也不视。他一见就知这个和尚，已是走入魔道。便思有以破他的迷念，乃大声喝道："这和尚终日口巴巴，说什么？终日眼睁睁，看什么？"坐禅入定的和尚，被他这一喝，不由得陡起一惊，即开视对语来。他又问道："你这和尚，家里还有什么人没有？"和尚回答说："有个母亲在家里。"他又诘问道："既然有母亲在家里，你起不起念呢？"和尚对道："不能不起念。"阳明知道和尚已有醒悟的转机，即以"爱亲本性"之旨向他晓谕。和尚一颗枯寂如死的禅心，被阳明当头棒喝的一声，又加上一篇义正词严的大道理，好似如梦方觉，听见阳明说到极亲切的地方，更是禁不住涕泪如雨。立时禅关也不坐，和尚也不做，弃钵抛经，连日赶回家去，侍奉母亲去了。

阳明在西湖静居许久，病也渐渐调养大愈，因旷职日期太多，不能不告别可爱的西湖，依旧回到京师来，销假视事。

恰值这年山东举行乡试，巡按山东监察御史陆偁，素来很为钦慕阳明的品端学粹，特聘请他担任这次乡试的总裁之责。阳明碍于情面，不便推辞，故就应允下来。

同着陆偁到了山东，开始要举行考试。其中所有《试录》，均皆出于阳明的手中。从此他的经世之学，便喧传遐迩，大家都已知道，并且无不佩服。他还作了一篇《山东乡试录序》，更博得许多人的赞颂。

阳明是尝过考试滋味的，故此对于考试其中之利弊情形，了然于心。他知道试中所取者，难免不无"沧海遗珠"之事，故说："夫委重于考校，将以求才也，求才而心有不尽，是不忠也；心之尽矣，而真才之弗得，是弗明也。……虽今之不逮于古，顾宁无一二如昔贤者；而今之所取，苟不与焉，岂非司考校者，不明之罪欤！"他自己是落第过数次，故此深恐有遗珠之憾，他又借以勉励应试诸生，绍继前贤，不要"司考校者以是求之，以是取之，而诸生之中，苟无其人焉以应其求"，这都是他以己度人，立心忠厚之处。

乡试完毕，没事再可流连，重复回到京师。九月里，改为兵部武选清吏司主事，官秩依然一样，只不过工部换到兵部而已。

自从山东乡试录一出，阳明的声誉，益发光大。那时一般学者，都溺于词章记诵之学，专务虚名；对于讲求身心的学问，圣贤经传的要旨，再也没有人去愿意潜心研究探讨。阳明却毅然首先提创，使人先立必为圣人之志，闻者渐渐相继兴起，多愿执贽及门，甘居弟子之列，随后来者接踵不绝，弟子益众。阳明见学者多来附和他的主张,窃喜圣学昌明之期不远,他就开始实行授徒讲学了。

明代此时师友之道久废,阳明一旦发起授徒讲学,大家都不免目他是立异好名,其实他们何尝能知阳明用心之苦、立志之大呢?

在许多人,都目为阳明是立异好名的当儿,却有一人,不但不附和众人的俗见,反极端地赞成阳明,钦佩阳明的毅力大志。这人就是阳明后来第一个益友——甘泉湛若水先生。

甘泉是增城人,字元明,名若水,时为翰林院庶吉士,也是当时一个著名的大儒。他们俩初次会面时,阳明就说:"守仁从宦二十年,未见此人。"甘泉也说:"若水泛观于四方,未见此人。"邂逅定交,大有相见恨晚之慨。由是这两位大儒,共同携手,以发扬圣学为己任。从此圣学果日趋于昌明,讲学之风大盛,直到明末,流风犹自未息。虽然明室之亡,一半是在讲学,这是后来之学者不善,故致流弊丛生,不可即说是倡始者之过。要知倡始者,原是法良意美呀!

第七章　贬谪中的虎口余生

第一节　抗疏入狱之生活

这一时期阳明的生活，可以名之为"倒霉生活"，也可以说是阳明最倒运的时代。我为什么用这样不好的字句，来加于他的生活之上呢？因为他在这一时期里，为了一道疏，弄得官秩大降，又受刑杖，又下狱，又等于"充军发配"式的贬谪。好容易侥幸从虎口里"九死一生"逃出来，所过的生活，只有危险痛苦。这如何不是倒霉？更如何不是倒运呢？

弘治十八年，孝宗驾崩，继登大位的，就是武宗。改元正德。武宗为孝宗长子，名厚照。他一登位，却不像他的父亲那样勤于国政。他所喜欢的是佛学梵语，自称为广法王西天觉道圆明自在大定慧佛，还教手下的人，铸了一个大定慧佛的金印，佩在身上。在宫里，又建一个豹房新寺，又曾命使臣，到远方去迎佛教。虽有臣子进谏，他都斥而不纳。然这乃宗教上的信仰，不能即说是他不好的地方。他不好的地方，是喜欢声色狗马，宠信的是些奸佞阴险的小人。又喜微服私行，曾夜入人家，大索妇女，以致乐而忘返。总而言之，他是一个无道昏君罢了。阳明遇着这样的主子，就是他"倒霉""倒运"的机会到了啊。

武宗所以这样无道，固然是他自己的不好；然而最大的原因，就是受了一班小人的诱导。其中有个最坏的坏蛋，名叫刘瑾，是兴平人，本姓谈，从小就有些鬼聪明，立志要做太监，因此拜在中官刘某的名下为螟蛉义子，借以为进身之阶，故此冒作姓刘。在孝宗时候，坐法当死，幸得救免，故切齿痛恨廷臣，誓欲复仇为快。武宗在东宫做太子时，他知武宗将来必继孝宗之位，故此百般地附顺奉承。武宗在为太子时，已被他引诱得无所不为，种下坏根，故此武宗同他非常要好，到了身登九五之后，便命他掌钟鼓司。每逢退了朝，与他不是肆意鹰犬，就是纵情歌舞。刘瑾以此益得武宗欢心，又升为内官监，总督团营。瑾性素阴狠险诈，至是擅作威福，无恶不作，以致国事日非，万民嗟怨。这时却恼了一位大臣刘健（洛阳人，名希贤，时为文渊阁大学士），便首先出头谏劝武宗，不可宠幸阉宦，导作狎游。武宗不从，瑾复矫旨削去刘健的官爵，罢归田里为民。于是又恼了两位正直敢言的臣子，一个是戴铣（字宝之，婺源人，时为南京户科给事中），一个是薄彦微（阳曲人，时为四川道监察御史）。因见刘健无故削职，不胜愤怒，便共上一疏，大意请帝起复刘健，磔诛刘瑾，以谢天下，而整朝纲。武宗见疏，斥其不应故彰君恶，以沽直谏美名，特差锦衣卫将戴、薄等拿解赴京。弄得朝臣都噤若寒蝉，不敢再谏。但其中却有一位不怕死的小臣，偏要抗疏救戴、薄了。这人是谁呢？不用我讲，读者早已知道了呀。

　　阳明见武宗被刘瑾一般阉宦，引得日事荒淫，不治国事，就已预备拼了生命，要严劾刘瑾的。刘健削职，他就欲上疏抗救。这次戴、薄被解赴京，他一腔忠愤之气，再也忍耐不住。明知那时的刘瑾，势焰正炙，自己不过一区区兵部主事，当然鸡蛋碰石头，总是自己吃亏。而且武宗正恨有人谏劝，不谏固然可以无妨，要是进谏，百分之九十九是"死得成"的。但想做忠臣，又决不能贪生畏死。他于是就上疏道：

臣闻君仁则臣直。大舜之所以圣，以能隐恶而扬善也。臣迩者窃见陛下以南京户科给事中戴铣等上言时事，特敕锦衣卫差官校拿解赴京。臣不知所言之当理与否，意其间必有触冒忌讳，上干雷霆之怒者。但铣等职居谏司，以言为责。其言而善，自宜嘉纳施行；如其未善，亦宜包容隐覆，以开忠谠之路。乃今赫然下令，远事拘囚，在陛下之心，不过少示惩创，使其后日不敢轻率妄有论列，非果有意怒绝之也。下民无知，妄生疑惧，臣切惜之。今在廷之臣，莫不以此举为非宜。然而莫敢为陛下言者，岂其无忧国爱君之心哉！惧陛下复以罪铣等者罪之，则非惟无补于国事，而徒足以增陛下之过举耳。然则自是而后，虽有上关宗社危疑不制之事，陛下孰从而闻之？陛下聪明超绝，苟念及此，宁不寒心！况今天时冻冱，万一差去官校，督束过严，铣等在道，或致失所，遂填沟壑。使陛下有杀谏臣之名，兴群臣纷纷之议，其时陛下必将追咎左右莫有言者，则既晚矣。伏愿陛下追收前旨，使铣等仍旧供职，扩大公无我之仁，明改过不吝之勇。圣德昭布远迩，人民胥悦，岂不休哉！臣又惟君者元首也，臣者耳目手足也，陛下思耳目之不可使壅塞，手足之不可使痿痹，必将恻然而有所不忍。臣承乏下僚，僭言实罪，伏睹陛下明旨，有"政事得失，许诸人直言无隐"之条，故敢昧死为陛下一言，伏惟俯垂宥察，不胜干冒战栗之至！

疏上，武宗大怒，刘瑾更是切齿痛恨阳明，不应道他有危宗社。于是在阙下，先杖四十，打得阳明皮开肉烂，死去活来。后来又下在狱中，现在他所过的，是黑暗囹圄中的生活了。

囹圄生活，是极黑暗，而且极痛苦的。下狱的时期，又是十二月，正风紧雪飞、天寒地冻的时节，阳明的苦况，也就可想而知。天寒岁暮，思乡忆亲，况又待罪遭谗，生死莫测，阳明处此境遇，真是万感纷集，乱箭攒心。我们且看他在狱中的作品，如：

天寒岁云暮，冰雪关河迥。

幽室魍魉生，不寐知夜永。

……

兀坐经旬成木石，忽惊岁暮还思乡。

高檐白日不到地，深夜黠鼠时登床。

……

屋罅见明月，还见地上霜。

客子夜中起，旁皇涕沾裳。

……

天涯岁暮冰霜结，

……

思家有泪仍多病，

……

幽室不知年，夜长苦昼短。

……

来归在何时，年华忽将晚。

萧条念宗祀，泪下长如霰。

以上诗句，都足描写他心中的苦怨。他还作了一首《有室七章》的古诗，玩其字里行间，还是时时流露忠君爱主之意。体效《国风》，意取《离骚》，阳明幸而不死，或则就是得此诗之力，亦未可知。诗道：

有室如簏，周之崇墉。

窒如穴处，无秋无冬。

耿彼屋漏，天光入之。

瞻彼日月，何嗟及之。

倏晦倏明，凄其以风。

倏雨倏雪，当昼而蒙。

夜何其矣，靡星靡粲。

岂无白日，寤寐永叹。

心之忧矣，匪家匪室。

或其启矣，殒予匪恤。

氤氲其埃，日之光矣。

渊渊其鼓，明既昌矣。

朝既式矣，日既夕矣。

悠悠我思，曷其极矣！

阳明在狱中囚了许多时候，天子旨下，将阳明贬谪为贵州龙场驿驿丞。阳明出狱时，又作了一首《别友狱中》的诗，道：

居常念朋旧，簿领成阔绝。

嗟我二三友，胡然此簪盍。

累累囹圄间，讲诵未能辍。

桎梏敢忘罪，至道良足悦。

所恨精诚眇，尚口徒自蹶。

天王本明圣，旋已但中热。

行藏未可期，明当与君别。

愿言无诡随，努力从前哲！

贵州那时，与京师相去万余里，还是未开化的蛮荒之域，他的朋友，都替他忧虑不已，均恐一入荒漠瘴疠之远地，没有还家的希望。但阳明之意，却不在此。他《答汪仰之》的三首诗中，第一首道：

> 去国心已恫，别子意弥恻。
>
> 伊迩怨昕夕，况兹万里隔。
>
> 恋恋歧路间，执手何能默。
>
> 子有昆弟居，而我远亲侧。
>
> 回思菽水欢，羡子何由得。
>
> 知子念我深，夙夜敢忘惕。
>
> 良心忠信资，蛮貊非我戚。

由此诗中，可以知他是"蛮貊非我戚"了。他之念念不能忘者，就是他家中的人。甘泉子也说道："谪贵州龙场驿，万里矣，而公不少怵。"益足证明他是不惧远谪了。

甘泉是与阳明感情最厚的朋友，虽是一旦判袂，却也并不显出嗟怨之态，特歌《九章》以赠，并以勉励阳明。如"与君心已通，别离何怨嗟"，便已道出道义相交，心已互通，虽隔千万里之远，也如一室晤对一样。又如"愿言崇明德，浩浩同无涯"，便有以圣贤之道相互勉之意了。阳明也和以八咏，内第三首云：

> 洙泗流浸微，伊洛仅如线。
>
> 后来三四公，瑕瑜未相掩。
>
> 嗟予不量力，跛鳖期致远。
>
> 屡兴还屡仆，惴息几不免。
>
> 道逢同心人，秉节倡予敢。
>
> 力争毫厘间，万里或可勉。
>
> 风波忽相失，言之泪徒泫。

在这一赠一酬的诗中，便可窥出这两位大儒的人格，是如何的崇高伟大了。

第二节　艰难困苦的途中

阳明这次出狱远谪，全是出于武宗之意，若依刘瑾的心，似非置他于死地不可。但武宗不欲这样干，故也不敢在狱中暗加陷害。他既出狱远谪，瑾心还是不甘，于是暗遣心腹，嘱在路途乘隙刺杀阳明，务要取其性命，以泄宿憾。刺客领命，于是追随阳明来了。

阳明由京赴杭州，在北新关遇着自己兄弟守文等。难后手足重逢，不胜伤感，曾有诗纪其事云：

扁舟风雨满江关，兄弟相看梦寐间。

已分天涯成死别，宁知意外得生还。

投荒自识君恩远，多病心便吏事闲。

携汝耕樵应有日，好移茅屋傍云山。

时方盛夏，因积劳致肺疾复发，乃养病静慈，旋移居于胜果寺，得门人徐爱为伴。徐爱乃是阳明妹婿，而拜阳明之门的。阳明门人中第一高足，就是徐爱，最先北面称弟子的，也是徐爱。这年为有司所选，将同蔡希颜、朱守中（均阳明门人）入京，阳明还作了一篇《别三子序》赠勖他们之行。不料这天夜深时候，刘瑾遣的两个刺客已到了，阳明的环境，顿时险恶危殆起来。

恰巧有个救星，就是胜果寺的邻居沈玉殿。他素来钦服阳明，因见有两操北音的汉子，挟着阳明出寺前行，心里就大疑，尾随之行三里许，追至密向阳明说："顷见彼二汉之挟公行，恐不利。"阳明也明知生命操于刺客的手中，危机四伏，无力抗拒，只好任其所为了。沈又与刺客虚作殷勤，问何故欲杀阳明。刺客云为杀之复命，始知乃系瑾所主使。沈又向刺客道："王公今夕，当然不能生存，我具斗酒，与之诀别，且与君等痛饮，君等愿意答应吗？"刺客料知阳明已成釜中之鱼、笼中之鸟，决不会有何变卦，也就允许姓沈的话。饮毕，刺客均大醉。破晓，沈乃密教阳明他逸，以石沉江，解遗巾履，放岸上，作自溺状。事后，沈故作痛哭，说阳明已投江自溺。刺客也明知乃沈所行诡计，虽怒沈，亦无可奈何，恐害沈而已亦获贪杯之罪，阳明因此便侥幸脱险了。

阳明的兄弟守文，这时正在杭州应乡试，闻沈报阳明投江，于是大家都说阳明已自溺死。他父亲又派人至遗巾履处捞觅尸身，一般门人弟子互相告知痛哭，独有徐爱不哭，并谓阳明决不会自溺，又说："先生将昌千古之绝学，岂忍轻于一死乎？"后果然被他料着。

阳明既脱虎口，私自庆幸，乃附商船往舟山。忽遇飓风大作，一日夜忽吹至闽界福州武夷山。登岸行山径数十里，见一古寺，想要叩门进去投宿，寺僧不许。天色已晚，没有法子，只好跑到另外一个野庙香案下息卧。哪知所卧的地方，却是一个虎穴。到了夜半，虎绕廊大吼，但没有进去，等到天明，虎方他去了。

寺僧每晨总要到野庙里来一次，见有旅客残载，则取其行囊以去，习以为常的。讵料是夜虎但绕廊大吼，并不敢入。寺僧意昨夕叩门借宿的客人，必已饱于虎腹无疑，将往收其囊。至则阳明犹酣睡未醒，均大为惊异，称之为非常人。又邀他到庙里，庙里有个异人，原来就是前次阳明新婚之日，在铁柱宫遇着对谈忘归的道士，他乡忽遇故知，自然喜悦非常，乃向道士说："我遭阉瑾之祸，幸脱余生，行将隐姓潜名为避世计。"道士大不赞成他这消极的行为，并说："你有亲在，又有名朝野，要是从此匿迹，则将来设有不肖之徒，假借你的名望，鼓舞人心，万一逮你的父亲，诬你北走湖、南走粤，那你又将如何办呢？倘若朝廷寻究你的家中，岂不反造成赤族之祸么？"说完又拿出一首作好了的诗，给阳明看道：

二十年前已识君，今来消息我先闻。

君将性命拼毫发，谁把纲常重一分？

寰海已知夸令德，皇天终不丧斯文。

英雄自古多磨折，好拂青萍建大勋。

这诗便是勉励他不可消极地作出世想，应积极地作入世想。阳明看了，颇为感动，又以道士所言，殊有道理。道士复为阳明占一课，说还是归家赴谪地最好。阳明计乃决定，于是濡墨提笔，题诗壁间，留作此行纪念。诗道：

险夷原不滞胸中，何异浮云过太空。

夜静海涛三万里，月明飞锡下天风。

辞别道士，又有诗纪其事云：

肩舆飞度万峰云，回首沧波月下闻。

海上真为沧水使，山中又遇武夷君。

溪流九曲初谙路，精舍千年始及门。

归去高堂慰垂白，细探更拟在春分。

由武夷至南京，时龙山公因阳明获罪，故迁为南京户部尚书，特私往省视。

居了数日，便起程取道赣、湘，赴贵州龙场。途次草萍驿遇大风雪，颇为困苦。至广信，时正元夕。次鄱阳湖，忽遇娄一斋等，相见惊喜，有《夜泊石亭寺用韵呈陈娄诸公因寄储柴墟都宪及乔白岩太常诸友》诗。至袁州登宜春台，也有诗以纪其事。复至萍乡谒濂溪祠，宿武云观，亦均有诗。入湘在醴陵道中，遇风雨，困殆不堪。至长沙遇周生请益，有《答周生诗》。在长沙因泥潦侵途，不良于行，兼以齿痛之病，《游岳麓》有句云：

醴陵西来涉湘水，信宿江城沮风雨。

不独病齿畏风湿，泥潦侵途绝行旅。

……

便是述留滞长沙之原因。离了长沙，过天心湖，又遇巨风，瞬息行百余里。日暮抵沅江，舟已为石所损，补好诘朝复行。风更大，晚泊湖边，风雨越发厉害，舟惧不敢行，但舟中粮已告罄，不进亦将饿死，乃在岸旁慢驶。少时雨阻，趁风续进，夜抵武阳江，惊魂方定，乃入市籴米做晚炊，共庆再生。

阳明在路途因颠沛流离，不禁有去国怀君身世飘零之感，于是便作了一首《去妇叹》，大意是说："楚人有间于新婚，而去其妇者，其妇无所归，去之山间独居，怀绻不忘，终无他适，予闻其事而悲之，为作《去妇叹》。"

这里所说楚人，便隐指天子；其妇便是隐喻自己；新婚便是指刘瑾。是仿屈原《离骚》之意而作的，先为说明，然后再来看他的作品吧：

委身奉箕帚，中道成弃捐。

苍蝇间白壁，君心亦何愆。

独嗟贫家女，素质难为妍。

命薄良自喟，敢忘君子贤。

春华不再艳，颓魄无重圆。

新欢莫终恃，令仪慎周还。

依违出门去，欲行复迟迟。

邻姁尽出别，强语含辛悲。

陋质容有缪，放逐理则宜。

姑老藉相慰，缺乏多所资。

妾行长已矣，会面当无时。

妾命如草芥，君身比琅玕。

奈何以妾故，废食怀愤冤。

无为伤姑意，燕尔且为欢。

中厨存宿旨，为姑备朝餐。

畜育意千绪，仓卒徒悲酸。

伊迩望门屏，盍从新人言？

夫意已如此，妾还当谁颜。

去矣勿复道，已去还踌蹰。

鸡鸣尚闻响，犬恋犹相随。

感此摧肝肺，泪下不可挥。

冈回行渐远，日落群鸟飞。

群鸟各有托，孤妾去何之。

空谷多凄风，树木何萧森。

浣衣涧冰合，采苓山雪深。

离居寄岩穴，忧思托鸣琴。

朝弹别鹤操，暮弹孤鸿吟。

弹苦思弥切，嶙岏隔云岑。

君聪甚明哲，何因闻此音？

阳明是个极端忠君主义者，在这一首诗里，就已完全表现出来了。妙在把自己一片忠君心肠，借弃妇口中能曲曲折折地道出，真不愧为一篇绝妙的佳作。

他从此起，一直到龙场去了。沿途也作了许多诗，纪其行程，这里不再多引了。

在这一节的上半节内，作者叙述阳明的脱难生活，读者不觉得它太神话，像《西游记》《封神榜》《天方夜谭》一样么？不说作者的脑筋腐败，在这科学昌明时代，还大提倡其迷信么？关于这一层，作者实在十二万分地抱歉，对于阳明这次的行程，寻遍各家所述，都纷纷异说无定，不能得个较确切明了的叙述。钱绪山编的《阳明年谱》、黄久庵撰的《阳明行状》、湛若水撰的《阳明墓志铭》、尤西堂作的《王文成公列传》，均各执一说，无从定其是非，而怪诞之记述特多。执经问难之及门诸子，尚且意见分歧，不辨其师之行程所经，无怪后人更要模糊不清了。若以阳明所作武夷、长沙、岳麓、汨罗、沅水的诸诗而言，则行状似乎较为可信。但其中过于怪诞虚幻，实有不能令人可信之点。毛西河曾对此有过最激烈的攻击，证明其妄。他说：

时径之龙场，而谱、状乃尽情诪诞，举凡遇仙遇佛，无可乘间撼入者，皆举而撼之于此。二十年前，二十年后，开关闭关，随意胡乱。亦思行文说事，俱有理路。浙江一带水，与福建武夷、江西鄱阳，俱隔仙霞、常玉诸岭峤。而岭表车筏，尤且更番叠换，并非身跨鱼鳖，可泛泛而至其地者。即浙可通海，然断无越温、台、鄞、鄮，不驾商舶，得由海入闽之理。且阳明亦人耳，能出游魂，附鬼伥，朝游舟山，暮飞铁柱，何荒唐也！

这种攻击，真有一针见血之概。用真理实据，证明其迷信附会之不当，即起钱、黄等复生，亦不能不低首认罪。但说阳明是径之龙场，似又难以置信。武夷、长沙诸诗，明明是阳明所作，何得云是径至龙场？若依我之臆解，阳明是由京赴杭，避瑾逆谋乃逃匿于武夷，旋即赴南京省视，后再至赣由湘入滇。所有许多荒诞不经之事，均为弟子欲彰其师盛德令名，故加附会，以坚后人信仰的，决不可信。大凡中国人最重的是迷信，所谓是个贵人，必定总有许多神话，加于其身。在中国历史上之伟大人物的传记，几乎触目皆有这一类的附会之词。钱绪山作年谱，可惜也不能逃出这个恶例，但明眼人自然不会受他的骗了。

第八章　龙场生活

第一节　初至龙场

龙场（位于修文县），在贵州西北万山中。蛇虺群居，魑魅昼见，实在是西南最荒莽的地方。至明始设郡县，地均夷人（今之苗民），缺舌不可辨其言语，兼之万山丛莽，瘴疠特多。除却夷人，或则中土亡命之徒，来至该处。但夷人居此，倒也甚为安舒；而自中土来的亡命，率多不胜疫瘴，或被夷人所杀而死，其存者不过十之二三。阳明未到此地之前，早知此种情形，所以在未来以前，便把生死置之度外了。

阳明初到龙场，哪晓得夷人却有一种怪俗习，凡是自中土来的人，先就卜问蛊神，对于来者，可否留居。如卜吉，则不杀，而任其留居；否则便殴杀之。幸亏一卜而吉，方始安然无事。但初至时连居住的房屋都没有一间，只好暂栖于蔓荆丛棘里面，后乃迁到东峰以一石穴，结个草庵，权作安身之所。曾有诗以纪其事道：

草庵不及肩，旅倦体方适。

开棘自成篱，土阶漫无级。

迎风亦萧疏，漏雨易补葺。

灵濑向朝湍，深林凝暮色。

群像环聚讯，语庞意颇质。

鹿豕且同游，兹属犹人类。

污樽映瓦豆，尽醉不知夕。

缅怀黄唐化，略称茅茨迹。

这个草庵，虽然是高不及肩，然较之在荆棘之中，总要强出百倍。幸亏阳明带来还有几个仆从，方得将这草庵合力筑成。居住地方，虽已弄好，可是饱腹的米粮，又将告罄。于是仿夷火耕之法，来从事于农了。

在东峰得一洞，改名为阳明小洞天。他诗中有"童仆自相语，洞居颇不恶。人力免结构，天巧谢雕凿"语。足见此洞不恶。他的草庵，也就筑在这洞中。

夷人性本好杀，但因阳明和蔼，故反争相亲敬。见阳明食物告罄，互为贡赠。感化不数月，俨然如骨肉一样。阳明又教给他们削木为梁柱，刈草为盖，建造房舍之法。由是四方模效，穴居野处的夷人，均有屋宇住了。

夷人因有屋住，非常感激，又见阳明所居的洞穴草庵，非常阴湿卑污。大家便合力经营，替阳明伐木砍树，搬石排泥，不到一月，做了一所很好的屋子。阳明自然也很感谢这些朴质忠实的夷人，肯如此为他尽力。这间屋做得很为讲究，轩、亭、堂等都有。阳明把它们一一题个名：轩名为何陋轩，亭名为君子亭，堂名为宾阳堂，又名其窝曰玩易窝，并且还作几篇文章纪述此事。

新构既成，阳明的学生闻之，也渐渐从远方来集了。均请名阳明之新构为龙冈书院，阳明有诗云：

谪居聊假息，荒秽亦须治。

凿蠡薙林条，小构自成趣。

开窗入远峰，架扉出深树。

墟寨俯逶迤，竹木互蒙翳。

畦蔬稍溉锄，花药颇杂莳。

宴适岂专予，来者得同憩。

轮奂非致美，毋令易倾敝。

菅茅乘田隙，浃旬始苟完。

初心待风雨，落成还美观。

锄荒既开径，拓樊亦理园。

低檐避松偃，疏土行竹根。

勿翦墙下棘，束列因可藩。

莫撷林间萝，蒙笼覆云轩。

素缺农圃学，因兹得深论。

毋为轻鄙事，吾道固斯存。

又《诸生来》云：

简滞动罹咎，废幽得幸免。

夷居虽异俗，野朴意所眷。

思亲独疚心，疾忧庸自遣。

门生颇群集，樽斝亦时展。

讲习性所乐，记问复怀腼。

林行或沿涧，洞游还陟巘。

月榭坐鸣琴，云窗卧披卷。

澹泊生道真，旷达匪荒宴。

岂必鹿门栖，自得乃高践。

在新屋之侧，又辟一园，名为西园。园虽不大，却宜种蔬。
阳明有首《西园》诗，就是他享受愉乐生活的供状。诗道：

方园不盈亩，蔬卉颇成列。

分溪免瓮灌，补篱防豕蹢。

芜草稍焚薙，清雨夜来歇。

濯濯新叶敷，荧荧夜花发。

放锄息重阴，旧书漫披阅。

倦枕竹下石，醒望松间月。

起来步闲谣，晚酌檐下设。

尽醉即草铺，忘与邻翁别。

他又生平最好泉石，恰遇龙场四面，都是崇山幽洞，所以每逢晴日暇时，他总在四山去寻幽探胜。但在山巅看见行云驰逐，又免不了勾起他的思家慕亲之念。有时因为思念太切，竟辗转不能成寐。生活上虽然愉乐，而精神上依旧苦痛、烦闷与不安。兼以他的门生，来了不几天，又都走了，剩下的还是孤孤独独的一个老师。他的门生来此，是特意来省视先生的，不是来从学的，所以住了三宿便去了。阳明却很想他们能留住这里，从事求学，但是谁个又愿舍去家乡，而流恋于瘴疠之远城呢？阳明有《诸生去》的诗道：

人生多离别，佳会难再遇。

如何百里来，三宿便辞去？

有琴不肯弹，有酒不肯御。

远陟见深情，宁予有弗顾？

洞云还自栖，溪月谁同步？

不念南寺时，寒江雪将暮？

不记西园日，桃花夹川路？

相去倏几月，秋风落高树。

富贵犹尘沙，浮名亦飞絮。

嗟我二三子，吾道有真趣。

胡不携书来，茅堂好同住！

在上面已曾说过，龙场乃是瘴疫最盛之地，凡是中土来的人，什九都会被这瘴疫染死，纵不死也得害一场病。能够不死不病的人，却是极少。这一次阳明所带的三个仆人，不约而同地染了瘴疫病。三个人呻吟床褥，都不能起来做事。阳明只好自己去析薪取水来造饭，造好还要送给仆人吃，阳明这时是多么苦啊。

仆人的病，固然是大半受了瘴疠所致，但也有一小半的是中怀抑郁，思乡忆家。阳明也已知道，于是要想设个法子来安慰他们，借以排遣他们的愁闷。最后想出用古诗歌及越调曲，又杂以诙笑，来安慰他的仆人。果然有效，仆人的病，日有起色，不久也都愈了。

有一天，从京师来了一个吏目，是个老人，携着一子、一仆，来赴任的。经过龙场，阳明很想同他谈谈中原近时的事情，不料第二天，他们已动了身。后来，有人来说这三个人走到蜈蚣坡都死了。阳明闻着，心里却异常凄惋难受。又念他死在异乡，尸骨无人瘗葬，便带了两个童子，持畚、锸前去掩埋。并又作了一篇文，来祭死者。这篇文章，就是在中国文学上极著名的《瘗旅文》，情意沉痛怛恻，文词感喟苍凉，现在都有千古不朽的价值。其一种由同情心发出来如泣、如诉、如怨、如慕的哀音，几乎令人不忍卒读。阳明其余文章，均可无有，只要有这一篇《瘗旅文》，也就足可高据文坛一席了。

维正德四年，秋月三日，有吏目云自京来者，不知其名氏，携一子一仆，将之任，过龙场，投宿土苗家。予从篱落间望见之，阴雨昏黑，欲就间讯北来事，不果。明早遣人觇之，已行矣。薄午，有人自蜈蚣坡来云："一老人死坡下，傍两人哭之哀。"予曰："此必吏目死矣。伤哉！"薄暮，复有人来云："坡下死者二人，傍一人坐叹。"询其状，则其子又死矣。明日，复有人来云："见坡下积尸三焉。"则其仆又死矣。呜呼伤哉！念其暴骨无主，将二童子持畚、锸往，瘗之。二童子有难色然，予曰："嘻！吾与尔犹彼也！"二童悯然涕下，请往。就其傍山麓为三坎，埋之，又以只鸡、饭三盂，嗟吁，涕洟而告之，曰："呜呼伤哉！繄何人？繄何人？吾龙场驿丞余姚王守仁也。吾与尔皆中土之产，吾不知尔郡邑，尔乌为乎来为兹山之鬼乎？古者重去其乡，游宦不逾千里，吾以窜逐而来此，宜也。尔亦何辜乎？闻尔官吏目耳，俸不能五斗，尔率妻子，躬耕可有也。乌为乎？以五斗而易尔七尺之躯，又不足，而益以尔子与仆乎？呜呼伤哉！尔诚恋兹五斗而来，则宜欣然就道。乌为乎？吾昨望见尔容蹙然，盖不任其忧者。夫冲冒雾露，扳援崖壁，行万峰之顶，饥渴劳顿，筋骨疲惫，而又瘴疠侵其外，忧郁攻其中，其能以无死乎？吾固知尔之必死，然不谓若是其速，又不谓尔子、尔仆亦遽尔奄忽也！皆尔自取，谓之何哉！吾念尔三骨之无依而来瘗尔，乃使吾有无穷之怆也。呜呼痛哉！纵不尔瘗，幽崖之狐成群，阴壑之虺如车轮，亦必能葬尔于腹，不致久暴露尔。尔既已无知，然吾何能为心乎！自吾去父母乡国而来此三年矣，历瘴毒而苟能自全，以吾未尝一日之戚戚也。今悲伤若此，是吾为尔者重，而自为者轻也，吾不宜复为尔悲矣。吾为尔歌，尔听之。"歌曰："连峰际天兮，飞鸟不通。游子怀乡兮，莫知西东。莫知西东兮，维天则同。异域殊方兮，环海之中。达观随寓兮，奚必予宫。魂兮魂兮，无悲以恫。"又歌以慰之曰："与尔皆乡土之离兮，蛮之人言语不相知兮，性命不可期。吾苟死于兹兮，率尔子仆，来从予兮。吾与尔遨以嬉兮，骖紫彪而乘文螭兮，登望故乡而嘘唏兮。吾苟获生归兮，尔子尔仆，尚尔随兮，无以无侣悲兮。

道旁之冢累累兮，多中土之流离兮。相与呼啸而徘徊兮，餐风饮露，无尔饥兮。朝友麋鹿，暮猿与栖兮，尔安尔居兮，无为厉于兹墟兮。"

时刘瑾闻阳明未死，且父子相见于南都，益大患，矫旨解龙山公职致仕归乡。阳明得家书，俱知其状，自念一切得失荣辱之心，早已俱亡，惟是生死一念，尚不能释然于怀。故特制一石椁，预备等候死神降临。日夜端居静默，久之胸中洒洒，也毫不着念了。

第二节　哲学上惊人的大发明

阳明被刘瑾陷害，贬谪到这蛮烟瘴雨、荒山绝域的龙场来，许多人都要替阳明惋惜，叹为人生的大不幸。诚然，阳明到龙场，历尽艰险，尝尽苦痛，实可惋惜，也实可云为不幸。但作者之意，则不然。作者不但不惋惜，不但不叹是大不幸；反要快慰，贺为阳明的大幸。这究竟是什么道理呢？我先引孟轲的话来答复吧。孟轲说："天将降大任于斯人也，必先苦其心志，劳其筋骨，饿其体肤，空乏其身，行拂乱其所为，所以动心忍性，增益其所不能。"这话真是一点也不错，也就是我替阳明快慰、贺为大幸的本意了。他虽然受一时的小艰苦，却反因此造成了他在中国哲学上有了惊人的大发明，使中国的思想界，顿时起了一种新观念。伟大的创造，就是在艰难困苦中得来。质言之，即是贬谪在龙场的时候，方才发现出来他的"王学"。我们如何不为他快慰，更如何不贺他，说是大幸事呢？

他发明新哲学的动机，就是他初到龙场时候，心里却怀了一个问题。他的问题是："假使圣人处此，更有何道？"这个问题，横亘在心里，总想觅个最圆满的答复。澄心静虑，苦求精思，结果他的问题答复了，并且异常圆满。

因苦求精思，偶在一天晚上，忽然大悟"格物致知"之理，寤寐中似有人在耳旁告诉提醒一样，不觉喜极呼跃而起，把他的仆人都骇了大跳。他喜极几要发狂了，他说："圣人之道，吾性自足，向之求理于事物者，误也。"他将发明的新哲学以五经之言证之，莫不吻合。他此时的快乐形状，真非笔墨所能形容，他此时比穷措大掘着了金窖，还要快乐百倍。他快乐的热度，已达到了焦点。不，恐不止此，连寒暑表都给热破了。

他发明的究竟是什么新哲学，教他这样的快乐呢？他所发明的新哲学，约有三个要点，兹分别说明如下：

（一）心即理，理即心。阳明极端崇服信仰此说。他说："析心与理为二，而精一之学亡。世儒之支离，外索于刑名器数之末，以求明所谓物理者，而不知吾心即物理，初无假于外也。"他这种哲理，是非常唯心的，已具微妙深邃、形而上学之基础。为求读者易于了解起见，再引《传习录》上一篇问答于后：

爱问："至善只求诸心，恐于天下事理有不能尽。"

先生曰："心即理也。天下又有心外之事，心外之理乎？"

爱曰："如事父之孝，事君之忠，交友之信，治民之仁，其间有许多理在，恐亦不可不察。"

先生叹曰："此说之蔽久矣，岂一语所能悟，今姑就所问者言之：且如事父，不成去父上求个孝的理；事君，不成去君上求个忠的理；交友、治民，不成去友上、民上求个信与仁的理。都只在此心，心即理也。此心无私欲之蔽，即是天理，不须外面添一分。以此纯乎天理之心，发之事父便是孝，发之事君便是忠，发之交友治民便是信与仁。只在此心去人欲，存天理上用功便是。"

爱曰："闻先生如此说，爱已觉有省悟处；但旧说缠于胸中，尚有未脱然者。如事父一事，其间温清定省之类，有许多节目，不亦须讲求否？"

先生曰："如何不讲求，只是有个头脑，只是就此心去人欲存天理上请求。就如讲求冬温也，只是要尽此心之孝，恐怕有一毫人欲间杂。讲求夏清也，只是要尽此心之孝，恐怕有一毫人欲间杂。只是讲求得此心，此心若无人欲，纯是天理，是个诚于孝亲的心，冬时自然思量父母的寒，便自要去求个温的道理；夏时自然思量父母的热，便自要去求个清的道理。这都是那诚孝的心发出来的条件。却是须有这诚孝的心，然后有这条件发出来。譬之树木：这诚孝的心便是根，许多条件便是枝叶。须先有根然后有枝叶，不是先寻了枝叶然后去种根。《礼记》言：'孝子之有深爱者，心有和气；有和气者，必有愉色；有愉色者，必有婉容。'须是有个深爱做根，便自然如此。"

（二）良知。良知的学说，首倡自孟轲。《孟子》内"不虑而知者，其良知也"，就是"良知"的发见。复由陆象山推衍，至阳明始发扬光大。他说："良知之人心，无间于贤愚，天下古今之所同也。""知善知恶，是良知。""是非心之知也。是非之心，人皆有之，即所良知也。""知是心之本体，心自然会知。见父自然知孝，见兄自然知弟，见孺子入井，自然知恻隐。此便是良知。"

看了上面他自己解释良知学说的要义，便可了然。他还作了《咏良知四首示诸生》的诗，大意不外是说：良知乃是人人心里都有的，无须外求。他还以为"良知"二字，就是圣门的口诀。

（三）知行合一。阳明此处所谓的知，是重在事实上，要直接去应用；不用玄渺虚漠上的知。这个知行合一的学说，在哲学上要占极重要的位置。兹引《传习录》上，他解释这学说的话来看吧：

爱因未会先生"知行合一"之训，与宗贤、惟贤往复辩论，未能决，以问于先生。

先生曰："试举看。"

爱曰："如今人尽有知得父当孝、兄当弟者，却不能孝、不能悌。便是知与行分明是两件。"

先生曰："此已被私欲隔断，不是知行的本体了。未有知而不行者，知而不行，只是未知。圣贤教人知行正，正是要复那本体，不是着你只恁的便罢。故《大学》指个真知行与人看，说'如好好色''如恶恶臭'。见好色属知，好好色属行。只见那好色时，已自好了，不是见了后，又立个心去好。闻恶臭属知，闻恶臭属行。只闻那恶臭时，已自恶了。不是闻了后，别立个心去恶。如鼻塞人虽见恶臭在前，鼻中不曾闻得，便亦不甚恶，亦只是不曾知臭。就如称某人知孝，某人知弟。必是其人已曾行孝弟，方可称他知孝知弟。不成只是晓得说些孝弟的话，便可称为知孝弟。又如知痛，必已自痛了，方知痛。知寒，必已自寒了。知饥，必已自饥了。知行如何分得开？此便是知行的本体，不曾有私意隔断的。圣人教人必要是如此，方可谓之知。不然，只是不曾知。此却是何等紧切着实的功夫。如今苦苦定要说知行做两个，是甚么意？某要说做一个是甚么意？若不知立言宗旨，只管说一个两个，亦有甚用？"

爱曰："古人说知行做两个，亦是要人见个分晓。一行做知的功夫，一行做行的功夫，即功夫始有下落。"

先生曰："此却失了古人宗旨也。某尝说知是行的主意，行是知的功夫。知是行之始，行是知之成。若会得时，只说一个知，已自有行在。只说一个行，已自有知在。古人所以既说一个知，又说一个行者，只为世间有一种人，懵懵懂懂的任意去做，全不解思惟省察，也只是个冥行妄作。所以必说个知，方才行得是。又有一种人，茫茫荡荡悬空去思索，全不肯着实躬行，也只是个揣摸影响。所以必说一个行，方才知得真。此是古人不得已补偏救弊的说话。若见得这个意时，即一言而足。今人却就将知行分作两件去做，以为必先知了，然后能行。如今且去讲习讨论做知的功夫，待知得真了，方去做行的功夫。故遂终身不行，亦遂终身不知。此不是小病痛，其来已非一日矣。某今说个知行合一，正是对病的药。又不是某凿空杜撰，知行本体，原是如此。今若知得宗旨时，即说两个亦不妨，亦只是一个。若不会宗旨，便说一个，亦济得甚事？只是闲说话。"

他的学说发明之后，便在中国思想界辟了一个新境地。他的学说实在是最合应用的，也是非常真理的。我再引梁启超先生批评"王学"的话，以便估定"阳明学说"在中国哲学上的价值：

至于"王学"的大概，……简单说来，可以说"'王学'是中国儒教、印度佛教的结合体"，也可以说是"中国文化和印度文化，结婚所生的儿子"。其实这种结合，自宋之周、程、张、朱已经成立，不过到"王学"，始集大成。……实在说来，明末的一百年内，"王学"支配了全中国，势极伟大。我自己很得力于"王学"，所以极推尊他。但是"末流之弊"，无可为讳。"王学"末流的毛病，太偏于形而上学的、玄学的、主观的、冥想的一方面。……所以讲到这里，不能不怨"王学"末流之弊病，在太重主观，轻视实际。

梁先生这一段批评"王学"的话，实在公允而有见地，"王学"的长处，也不抹煞；"王学"的短处，也不回护。真可以名之为"王学"的"千秋定论"！

第三节　几封书信的力量

阳明到龙场居了很久，许多夷人，几尊敬同神明一样。不料有一天思州的守官，特遣差人至龙场来，侮辱阳明。在守官心里想：阳明这个小小的驿丞，哪里还敢反抗，总只有任凭侮弄而已。守官的差人，得意洋洋地到龙场来，果对阳明侮辱不堪，谁知由此竟惹动了夷人的公愤。他们敬之如神明父母一般的阳明，如何肯令差吏来任加侮辱，于是大众便把差人捉住，拳打脚踢，一顿饱打，几乎打得半死。打完，方放差人抱头鼠窜而去。

差人回到思州，见了守官，诉以阳明怂恿夷人，特地殴辱了他。守官大怒，便在上司之前，极力攻击阳明，不应唆使夷人，殴打差吏。那时有个宪副姓毛的，特遣人至龙场，谕阳明以祸福利害，令往守官处请罪谢过。阳明便复道：

昨承遣人喻以祸福利害，且令勉赴大府请谢，此非道谊深情，决不至此，感激之至，言无所容。但差人至龙场凌侮，此自差人挟势擅威，非大府使之也。龙场诸夷与之争斗，此自诸夷愤愠不平，亦非某使之也。然则大府固未尝辱某，某亦未尝傲大府，何所得罪而遽请谢乎？跪拜之礼，亦小官常分，不足以为辱，然亦不当无故而行之。不当行而行，与当行而不行，其为取辱一也。废逐小臣，所守以待死者，忠信礼义而已。又弃此而不守，祸莫大焉。凡祸福利害之说，某亦尝讲之。君子以忠信为利，礼义为福，苟忠信礼义之不存，虽禄之万钟，爵以侯王之贵，君子犹谓之祸与害。如其忠信礼义之所在，虽剖心碎首，君子利而行之，自以为福也。况于流离窜逐之微乎？某之居此，盖瘴疠虫毒之与处，魑魅魍魉之与游，日有三死焉。然而居之泰然，未尝以动其中者。诚知生死之有命，不以一朝之患，而忘其终身之忧也。大府苟欲加害，而在我诚有以取之，则不可谓无憾。使吾无有以取之，而横罹焉，则亦瘴疠而已尔，虫毒而已尔，魑魅魍魉而已尔，吾岂以是而动吾心哉！执事之谕，虽有所不敢承，然因是而益知所以自励，不敢苟有所隳堕，则某也受教多矣。敢不顿首以谢！

毛宪副接着这封信之后，就转送给守官看。那位守官也自觉惭服，明知衅由自己所起，怎好再怪别人。对此事，也不再提，只苦了那位差人，白白地给夷人饱打了一顿。

这时水西有个安宣慰使，素闻阳明之名，非常钦敬，想与阳明交好，特使人送许多米、肉、金帛等物给阳明，阳明却丝毫不受，一概谢绝。使者坚欲阳明收下，他无法再拒辞了，只好收下二石米与柴炭、鸡、鹅之类。至于金帛、鞍马之物，无论如何，决不肯受。过后，阳明写了一封信给安宣慰使，一方面感谢他所馈赠的物品，一方面教他不要再送这些东西来。一封义正词严的信，弄得那位想交好阳明的安宣慰使，从此不敢再馈送东西给他了。

水西地方，朝廷以前原预备设卫置城的。城筑好，便因他事而中止了，但是驿传尚存之未废。这位安宣慰使，久恨驿传，据在他的腹心，不好作何异动，便想将它去掉，以便任其畅所欲为。朝廷没有驿传，再也不能知晓他所为何事了。不过若果废去驿传，设被朝廷知道了，祸又不小。他明知擅废驿传，是要犯大罪的，而自己又极端想去掉它，事在两难，于是特遣人来请教阳明，问驿传是否可废？阳明就回了他一封信，力言驿传不能擅废。并且说：这是有关朝廷的威信，若是擅自废除，恐要获重咎。信内又说：

凡朝廷制度，定自祖宗，后世守之，不可擅改，在朝廷且谓之变乱，况诸侯乎？……使君之先，自汉唐以来，千几百年，未之或改，所以若此者，以能世守天子礼法，竭忠尽力，不敢分寸有所违。……不然，使君之土地，富且盛矣，朝廷悉取而郡县之，其谁以为不可？夫驿可减也，亦可增也，亦可改也；宣慰使亦可革也。由此言之，殆甚有害，使君其未之思耶？

一篇利害分明的大道理，摆在安宣慰使的面前，吓得他再也不敢萌此妄念，想废驿传了。

有个姓宋的酋长属下之阿贾、阿札等，忽然叛乱起来，到处骚扰人民。这次阿贾等作乱，有许多人都说是安宣慰使的主使，阳明也知系安之暗使，于是便又写了一封信，责备他不应按兵不动，坐视阿贾之难而不讨平，并劝他自动速讨叛将以赎罪。安氏不觉悚然，自悟其过，遂乃率师一鼓将阿贾、阿札等就荡平了，人民也都赖以安宁。一个桀骜不驯的安宣慰使，却被阳明的几封信，弄得俯首帖耳，不敢不从。以一个小小驿丞，居然能使拥着重兵的宣慰使服从训导，不敢为非，真是创见罕闻的事。

我们由此可见一个人的道德学问，感人之深，比什么感动人，都要来得切、来得有效力呀！

第四节　贵阳讲学

阳明的学说，渐由龙场传到贵阳了。

贵阳提学副使席书，闻着阳明的学说，非常钦佩，特地亲自到龙场来，问朱熹、陆九渊学说同异之辨，究在何处？他这次到龙场的目的，就是想阳明能给他一个圆满的答复和解释，哪知阳明对于朱、陆异同，完全不语，却只把他自己悟出的格物致知的道理，反说了一大套。席书满腹怀疑，又不好怎样再问他，只得怏怏而归。

次日，又复来问，阳明便举知行本体的道理，详细地讲给他听，又证五经诸子之说，无不尽合，席书至此才渐渐知道阳明学说的价值。阳明见他已有领悟之状，乃又反反复复地讲明，席遂恍然大悟。说："圣人之学，复睹于今日，朱、陆异同，各有得失，无事辩诘。求之吾性，本自明也。"于是欣然而归，告诉给毛拙庵宪副，亟称阳明之学说，毛闻之亦钦服不已。遂修葺贵阳书院，愿率贵阳诸生，以事师之礼而事阳明，特敦聘阳明，主持书院讲学。阳明也正想把他研究哲学心得，贡献给世人。今见毛宪副来请讲学，岂有不愿之理，于是就到贵阳来了。曾有诗以纪其事道：

> 野夫病卧成疏懒，书卷长抛旧学荒。
> 岂有威仪堪法象，实惭文檄过称扬。
> 移居正拟投医肆，虚席仍烦避讲堂。
> 范我定应无所获，空令多士笑王良。

诗中所说，因疾正拟投肆觅医，却也不是假话。他原来身体就不很十分强壮，此次到龙场这样疫瘴之地，如何能免不生病哩？有许多人都劝他请巫人来祷神，病必可痊，但他不愿做这迷信无益之举动，以故作罢。

阳明一到贵阳书院之后，便要实行他的教育主张了。他的主张是：

立志

志不立，天下无可成之事。虽百工技艺，未有不本于志者。今学者旷废隳惰，玩岁愒时，而百无所成，皆由所志之未立耳。故立志而圣则圣矣，立志而贤则贤矣。志不立如无舵之舟，无衔之马，漂荡奔逸，终亦何所底乎？昔人有言："使为善而父母怒之，兄弟怨之，宗族乡党贱恶之，如此，而不为善可也；为善则父母爱之，兄弟悦之，宗族党敬信之，何苦而不为善、为君子。使为恶而父母爱之，兄弟悦之，宗族乡党敬信之，如此，而为恶可也；

为恶则父母怒之，兄弟怨之，宗族乡党贱恶之，何苦而必为恶、为小人。"诸生念此，亦可以知所立志矣。

勤学

已立志为君子，自当从事于学；凡学之不勤，必其志之尚未笃也。从吾游者，不以聪慧警捷为高，而以勤确谦抑为上。诸生试观侪辈之中，苟有"虚而为盈，无而为有"；讳己之不能，忌人之有善；自矜自是，大言欺人者，使其人资禀虽甚超迈，侪辈之中，有弗疾恶之者乎？有弗鄙贱之者乎？彼固将以欺人，人果遂为所欺，有弗窃笑之者乎？苟有谦默自持，无能自处；笃志力行，勤学好问；称人之善，而咎己之失；从人之长，而明己之短；忠信乐易，表里一致者，使其人资禀虽甚鲁钝，侪辈之中，有弗称慕之者乎？彼固以无能自处，而不求上人，人果遂以彼为无能，有弗敬尚之者乎？诸生观此，亦可以知所从事于学矣。

改过

夫过者，自大贤所不免，然不害其卒为大贤者，为其能改也。故不贵于无过，而贵于能改过。诸生自思，平日亦有缺于廉耻忠信之行者乎？亦有薄于孝友之道、陷于狡诈偷刻之习者乎？诸生殆不至于此。不幸或有之，皆其不知而误蹈，素无师友之讲习规饬也。诸生试内省，万一有近于是者，固亦不可以不痛自悔咎。然亦不当以此自歉，遂馁于改过从善之心。但能一旦脱然洗涤旧染，虽昔为寇盗，今日不害为君子矣。若曰吾昔已如此，今虽改过而从善，将人不信我，且无赎于前过；反怀羞涩凝沮，而甘心于污浊终焉，则吾亦绝望尔矣。

责善

责善朋友之道，然须忠告而善道也。悉其忠爱，致其婉曲，使彼闻之而可从，绎之而可改，有所感而无所怨，乃为善耳。若先暴白其过恶，痛毁极诋，使无所容。彼将发其愧耻、愤恨之心，虽欲降以相从，而势有所不能，是激之而使为恶矣。故凡讦人之短，攻发人之阴私，以沽直者，皆不可以言责善。虽然，我以是而施于人，不可也；人以是而加诸我，凡攻我之失者，皆我师也，安可以不乐受而心感之乎？某于道未有所得，其学卤莽耳。谬为诸生相从于此，每终夜以思，恶且未免，况于过乎？人谓事师无犯无隐，而遂谓师无可谏，非也。谏师之道，直不至于犯，而婉不至于隐耳。使吾而是也，因得以明其是；吾而非也，因得以去其非。盖教学相长也。诸生责善，当自吾始。

在他的教育主张中，我们看得出几个重要之点：（一）为学第一在立志，志圣则圣，志贤则贤；不立志，就似舟无舵，似马无衔，其危险不堪设想。（二）读书不以聪慧警捷为高，而以勤确谦抑为上，这就是"士先器识，而后文艺"的意思。（三）人不贵于无过，而贵于过而能改。（四）责善朋友，须忠告善道。师虽尊严，亦可谏之，但直不至于犯，而婉不至于隐耳。这便是他对教育上的主张和精神。

阳明这次讲学，最重要的就是阐明自己的学说。但是贵阳地方，地处僻远，智识闭塞，一般学生，从来不知什么是"知行合一"。所以阳明尽管讲得舌敝唇焦，而他们依然毫无领悟。这也难怪他们，连一个提学副使，尚且要细细地讨论方可明白，诸生怎能一旦就可了解这种精微深邃的大哲学呢？

第九章　谪限满期后的升迁

第一节　治庐陵县

　　为忤了刘瑾，弄得贬谪到龙场，三年之后，谪的期限也满了。朝廷升他为庐陵县的知县，在宦海一落千丈的阳明，渐渐地要往上升浮了。

　　赴任时，路过常德辰州，遇见旧日门人冀元亨、蒋信、刘观时等，又闻得他们都能卓然自立，不偕流俗，不禁大喜。说道："谪居两年，无可与语者，归途乃幸得友，悔昔在贵阳，举知行合一之教纷纷异同，罔知所入，兹来与诸生静坐僧寺，使自悟性体，愿恍恍若有即者。"即又在途中寄信与冀等说："前在寺中所云，静坐事非欲坐禅入定也。盖因吾辈平日为事物纷拏，未知为己，欲以此补小学收放心一段工夫耳。明道云：'才学便须知有用力处，既学便知有得力处。'诸友宜于此处着力，方有进步，异时始有得力处也。"这段话，就是阳明告学者悟学的法子，是很有价值的。

　　他自从上任之后，对于政事，不用盛刑，专以开导人心为本。这不是他的迂腐处，乃是他为政的重要学问处。他已知道用刑是治不好人民的，惟有正本清源，先从开导人心起，方易收民善之效。他考稽旧制，选举县中三个年高德厚、品端行粹的老人，作为治理词讼之事的总裁判，自己只在旁边做个监督，坐视三老审判。他为什么要这样做呢？原来我国人的心目中，最敬重的就是年岁又高、德行又好的老人，所以俗有"凡事要好，须问三老"之谚。

阳明已看到了这点，故选三个有德的老人来主持讼事。如若有人诉讼什么事，便使三老向来诉讼的人，委曲劝谕。一般人民，均悔过自责，甚至受了感动太深的，还要泣下。明代的诉讼之风，原是非常之盛，而庐陵县的人民，更是健于讼争。自从阳明这样把人心一一开导，便都觉得诉讼是件极不好的事，除非是出于万不得已，方来诉讼，否则再也不来。由是积弊已除，囹圄为之日清。

在庐陵县不仅仅是息了讼风，他还做了几件德政，值得我们说一说的。

有一次，县里流行症大盛，罹者多不能免，一般人都怕病症传染厉害，每逢自己家中，如有一人染着了流行症，则其余的人，一概都潜自离开了，诚恐感受病者的传染。这病者每每因病还不曾死，可是汤药馈粥不继，反多饥饿而死的。阳明一方面派遣医生，分行救治；一方面又出谕劝令子弟，须兴行孝悌，各念骨肉，莫忍背弃。由是染疫而死者渐少，浇薄之风俗，也为之一变。

在县里盗贼颇为横行，民间既无防御之法，以前的长官，又无抚缉之方，盗势由此益盛。阳明便立一种保甲法，保甲法就是与现在的调查户口差不多。又谕寇至须互相救援，坐视者科以重罪。又令各家家长，须严束子弟，毋染薄恶，已染者宜速改过向善，过去不咎，否则即治以法。盗风由此乃戢。

天时亢旱，以致火灾流行，有次竟延烧千余家。这原因即在衢道太狭，居室太密，架屋太高，无砖瓦之间，无火巷之隔。所以一遇火起，即难救扑，往往成为巨祸。阳明便立一法，以为救济：凡南北夹道居者，各须退地三尺为街；东西相连接者，每间让地二寸为巷；又间出银一钱，助边巷为墙，以断风火。沿街之屋，高不过一丈五六，厢楼不过一丈一二，违者有罚。火灾从此也渐渐减少，即或起火，亦不能成为巨祸了。

此外，还有绝镇守横征，杜神会借办，清驿递，延宾旅，在庐陵总共不过七个月，便做出许多有益于民的成绩。他走了之后，庐陵人还是口碑载道，思慕不已。

第二节　昌明圣学的时代

刘瑾自阳明谪后，威权日甚，所有朝廷大小事，皆由瑾专决，故思图谋不轨，也想尝尝做皇帝的滋味。哪料被张永将他作恶的实据，一件一件都觅着了，极力在武宗面前参劾。武宗至此始悟刘瑾之奸，遂执瑾，籍其家，又将瑾磔之于市。野心勃勃的刘瑾，皇帝的滋味，毕竟没有尝着，抄家杀头的滋味倒被他尝着了。

刘瑾既死，其奸既暴，凡是曾反对过刘瑾的，不问而知是忠臣了。遂将瑾所陷害的人，均复起用。阳明是反对瑾贼最力的人，自然也在起用之列。于是升为南京刑部四川清吏司主事。因此阳明离开庐陵，又再入京师朝觐履新了。

他这次进京所抱的目的，就是要肩起昌明圣学的担子。换句话来说罢，他就是要将自己的学说，阐明起来，发扬起来。

这时有个黄绾字宗贤的，时为后军都事，少便有志圣贤，专致力研究紫阳、象山、横渠、敦颐、伊川、明道等之书籍。耳闻阳明之名甚久，因不知阳明所学究竟若何，所以未来访谒。但他的朋友储公岭巇，却是深知阳明的，于是就写信给他道："近日士大夫，如王君伯安趋向正，造诣深，不专文字之学，实不多见。足下肯出与之游，丽泽之益，未必不多。"黄绾至此，方知向日未谒之失，于是即夕趋见，阳明与语喜道："此学久绝，子何所闻？"黄答："虽粗有志，实未用功。"阳明道："人惟患无志，不患无功。"

118

又问："已识湛若水先生否？"答："未识。"阳明无意中忽得这个志同道合的黄绾，心中真快乐已极，次日便约黄绾与若水相晤，订与终日共学。此时，黄绾还是阳明的同志之友，后来还是执了贽，愿列门墙，因他实在太佩服阳明，不敢自居友位，情愿列以门徒。最后，果然做了王门的一个大弟子。

在刑部不久，又调到吏部，阳明把公事办完之后，就同若水、宗贤等，互相研究圣学。因为感情亲密，所以饮食起居，也是在一处，不肯离开。此时还有一个同僚方献夫，位职在阳明之上，因闻阳明论学之旨，大为倾服，也执贽事阳明以师礼。

若水奉旨，忽欲出使安南，阳明特作诗送他之行，饮食起居不离的同志，忽然去了一个，可知他此时心绪，是如何怅惘寡欢了。

阳明的官运，此时忽然亨通起来，由主事升员外郎，升郎中，接着又升太仆寺少卿。但他此时，对于政治生活，陡地反起了厌烦，殊不愿官上升官，他对于做官，根本已觉得讨厌了。可是君命由不得自己，只好"钦此、谢恩"了。

他此时所要想过的生活，乃是山水生活。他所梦想的，是结庐于天台、雁荡之间，终老余年。但朝廷怎能容他这样去过安闲生活呢？梦想依然是梦想啊！

乘履新之便，顺道先拟归家中省亲一次，这回同来的有个门人徐爱，在舟中与论《大学》宗旨，徐爱大悟，喜极跃起，手舞足蹈，似疯狂一样者数日。他这次快乐热度，同他的老师在龙场初发明知行合一的学说的快乐热度，差不多是一样达于沸点。

阳明这回入京师，及门者特别加多。他的学说，信仰者也愈加增多。昌圣明学的旗帜，拥护"王学"的口号，遍见于京师各处。阳明此次进京的目的，已完全达到了。

第三节　遨游啸咏山水的生活

　　阳明由二月到家以后，预备偕同徐爱到天台、雁荡去游历，又写信给黄绾，约他同去。因亲友羁绊，时刻弗能自由，以是暂作罢论。等到五月终，他决定要去游历了。时值烈暑炎天，而阻者益众且坚，于是又不能动身。没法子，权在附近小山上游赏，暂时过过山水瘾再说。到了七月，他实在不能再待了。黄绾又久候不至，他也不愿再等。于是同徐爱等数人，从上虞入四明，观白水，寻龙溪之源，登杖锡，至于雪窦，上千丈岩以望天姥、华顶。年来梦想的山水生活，一一都实现了。

　　游毕，复从奉化取道赤城，适遇天旱，山田尽干裂，人民都在彷徨望雨，使他亦为之惨然不乐。遂自宁波，还归余姚，半月旅行的生活，暂告中止。归后，黄绾遣使者以书来迎，阳明复书深惜他不同此行。原来阳明之意，非独专事山水之娱，乃是想借登游山水之便，以好点化门人。黄绾是阳明所深爱的弟子，竟未能与于这次胜游，所以他心里，总觉得这是很歉然的一件事。

　　在家逗留太久了，徐爱又已去，兼以亲友催促，于是离家赴滁州上任去了。

　　滁州山水佳胜，素已著名，地僻官闲，这一下正合了阳明的心意。他带着一些门人，任意遨游琅琊瀼泉的地方，领略湖山泉石之胜，一方面又指导他们悟理为学的功夫。门人如若有什么疑难问题，随问随答，无不满意。由是从游弟子益众，每逢月夜，环坐龙潭约数百人，歌声常振山谷。这时阳明的生活，清闲极了，也舒服快乐极了。

　　清闲舒服快乐的生活，毕竟是不能久享的。在滁州仅居了半载，官又加升为南京鸿胪寺卿，要离开滁州往南京去了。

走的时候，门人都来亲送，一直送到乌衣地方，还是不忍分手，均留居江浦，等候阳明渡江后方肯归去。可知他们师、弟子之间的感情，是如何的深且挚啊！

到南都后，徐爱也来了，时弟子又群集师门，日夕渍砺不懈。——原来阳明，自正式授徒讲学之后，他的门人，多半是随着他的足迹的。

自阳明离滁州后，他在滁州的一般学生，因离师的原故，渐渐放言高论，或背师教。有人来便告诉阳明，阳明也叹息着说："吾年来欲惩末俗之卑污，引接学者，多就高明一路，以救时弊。今见学者渐有流入空虚，为脱落新奇之论，吾已悔之矣。"

有许多人，都以"王学"空虚为诟病，由他这篇话看起来，可知其过乃在阳明弟子，而不在阳明了。这种流于空虚的毛病，不但现在滁州的学生是如此，就是后来钱德洪等也是如此，这可以说是"王学"的不幸。

阳明正因学生将自己的学说误解了，心中非常懊丧，恰巧又有两个门人名王嘉秀、萧惠的，好谈仙佛，阳明于是又警诫他们说："吾幼时求圣学不得，亦尝笃志二氏；其后居夷三载，始见圣人端绪，悔错用功二十年。二氏之学，其妙与圣人只有毫厘之间，故不易辨；惟笃志圣学者，始能究析其隐微，非测臆所及也。"

因学生易犯流于空虚的毛病，故他不能来严重告诫。许多学者都说"王学"易流空虚，颇近禅学，在此处似可证明批评的不错。但阳明本意，原是不要教人流于空虚的。在上面两段谈话中，也可以证明。至于真正得着阳明真传的，只有清初大师黄梨洲一人而已。因他学"王学"而不流于空虚，能作实在功夫也。

第四节　纯孝至情流露的陈情表

阳明从幼，便有一件最不幸的事，就是他的母亲早逝了。幸亏他的祖母鞠育，费尽许多心血，才把他抚育长大。他自从过政治生活后，便与慈爱的祖母离开。虽也间或乘便回家省视一次，但不多时，又依然要别去。他这回到京时，他的祖母已经有了九十六岁，他常常忧虑着，祖母的年寿已高，恐再不能在这尘间多留。自己若不早点辞职归家，侍奉祖母一些时，恐怕一旦见背，便要抱无涯之痛，而有不能再见的终身遗憾了。适遇朝廷举行考察之典，拣汰不职僚员，他乘这个机会，便上了一个表章道：

迩者，朝廷举考察之典，拣汰僚。臣反顾内省，点检其平日，正合摈废之列。……况其气体素弱，近年以来，疾病交攻，非独才之不堪，亦且力有不任。……若从末减，罢归田里，使得自附于乞休之末，臣之大幸，亦死且不朽。

表上以后，满希望皇帝能给他一个"准如所奏"，便好还乡了。哪知结果，却大失所望。于是又上疏道：

顷者臣以朝廷举行考察，自陈不职之状，席藁待罪，其时臣疾已作，然不敢以疾请者，人臣鳏旷废职，自宜摈逐以彰国法，疾非所言矣。陛下宽恩曲成，留使供职，臣虽冥顽，亦宁不知感激自奋，及其壮齿，陈力就列，少效犬马；然臣病侵气弱，力不能从其心。臣自往岁投窜荒夷，往来道路，前后五载，蒙犯瘴雾，魑魅之与游，蛊毒之与处。其时虽未即死，而病势因仍，渐肌入骨，日以深积。后值圣恩汪濊，掩瑕纳垢，复玷清班，收敛精魂，旋回光泽；其实内病潜滋，外强中槁，顷来南都，寒暑失节，病遂大作。且臣自幼失母，鞠于祖母岑，今年九十有六，耄甚不可迎侍，日夜望臣一归为诀。臣之疾痛，抱此苦怀，万无生理。陛下至仁天覆，惟恐一物不遂其生。伏乞放臣暂回田里，就医调治，使得目见祖母之终。臣虽殒越下土，永衔犬马帷盖之恩！倘得因是苟延残喘，复为完人，臣齿未甚衰暮，犹有图效之日，臣不胜恳切愿望之至！

疏上，自以为这样情词恳切的陈情表，总可以感动得天子，允他所请。哪知天下的事，每每有出人意料之外的。你所要做的事，偏没有给你做；你所不愿做的事，偏会要你做了。阳明这方面正在竭力积极的上表辞职，哪晓得原来的官职不但没有辞掉，反而升为都察院左金都御史，巡抚南赣等处了。

原来那时南赣、汀、漳等处，群盗蜂起。尚书王琼素知阳明富于军事学识，故特保荐他任巡抚平盗之责。这真把他急煞了，官未辞掉，反而又升一官；归计不遂，反要赴赣平盗了。这教他怎么办呢？于是又复上表，作第三次陈请。

第三次的辞职表上了，皇帝就下了一道手谕说："王守仁不准休致，南赣地方，现今多事，着上紧前去，用心巡抚。"

这样二十几字的一道"御批"，使得阳明再也不敢提起辞职的话。皇帝的威权，是不可测的。他不准辞职，你若还是要辞职，他如怒你不该违抗意旨，给你一个"不遵君命"的罪名，那你就会身与首宣告脱离关系了。阳明已经尝过了一次贬谪的滋味，怎敢再去冒险呢？只好把辞职归家的念头，暂时收起，预备为国驰驱，提兵戡乱了。

阳明的生活，又将由政治转入军事了。我们以前所看的，都是文的生活，现在要看他武的生活了。文剧已经演过，武剧现正开始演奏，请读者朝后看罢。

第十章　剿平诸寇

第一节　倡行十家牌法

　　阳明，有的人知道他是个大理学家，有的人知道他是个大教育家，有的人知道他是个大文学家，有的人知道他是个大政治家，但是从来没有人能知道他还是一个大军事家。偏偏给王琼知道，特荐举他现任剿寇与后来讨逆之责，造成一番轰轰烈烈的丰功伟业。使后人对于阳明，更加一层景仰；对于阳明的学问，更深一层认识。这些功劳，不能不归之于王琼。设没有王琼的赏识、举荐，阳明纵有极深湛精邃的军事学，也无人能够知道和注意。那么，他的军事学识，只有永远埋没在他个人的心里腹里，永没有表现暴露的机会。至于他何以能负有如许绝大的军事学识呢？这一半是受了许璋的衣钵真传，一半是自己平日下苦功研讨的心得。合起两个"一半"，就成就了"一个"大军事家的王阳明。

　　他出京到赣，将开始过他的剿匪生活。在半路上万安地方，就遇着有流寇数百，沿途大肆劫掠，以致许多的商船，都不敢前进。他便联好了很多商船，结为阵势，扬旗鸣鼓而来。一班贼寇，都误以为是官兵来剿灭自己了，一个个均惊惶失色，罗拜于岸，哀恳他说："我们不是贼匪，我们都是饿荒的流民，来请求赈济的。"阳明见他们已悔罪了，便派人上岸晓谕说："至赣后即差官抚插，各安生理，勿作非为，自取戮灭。"许多贼匪都因惧怕法纲，一一自行散归。这虽是一件极平常的小事，然可足见他的才能之一斑哩。

自到赣后，他第一步便做严查户口、清贼内应的工作。原来赣中奸民颇多，为贼寇作耳目，无论官府有何举动，贼寇便已知道，预为防备。故官军剿匪的结果，百分之九十九是失败。阳明知道内贼不除，外贼决不易平。他秘密调查通匪之首领，为一军门老隶，为虎作伥，异常狡猾。于是把这老隶捉来，问他愿生还是愿死？如愿生，须将贼中虚实，暨一切情状，尽量照实供出，可以贷其不死；否则即身首不保。老隶自然是愿生不愿死的，遂把贼情完全实吐了。又因奸民过多，良莠无从查起，乃于城中立十家牌法。这十家牌法，就是与现在的户口调查表一样，但较现在之户口调查表为严密，似含有国民革命军的"连坐法"的意味，也可说是连环保结式，为治盗匪一个最好的法子，这是阳明特创的。

　　他初行此法时，便先晓谕人民道：

　　本院奉命巡抚是方，惟欲翦除盗贼，安养小民。所限才力短浅，智虑不及，虽挟爱民之心，未有爱民之政。父老子弟，凡可以匡我之不逮。苟有益于民者，皆有以告我，我当商度其可，以次举行。今为此牌，似亦烦劳，尔众中间，固多诗书礼义之家，吾亦岂忍以狡诈待尔良民。便欲防奸革弊，以保安尔良善，则又不得不然。父老子弟，其体此意。

　　他料到要行这十家牌法，人民不知，必多怨恨的，所以剀切地晓谕他们，要体念政府是为保安良民起见，不得不行的。纵受须臾苦痛，但可享受永久的安宁幸福。

　　"御外之策，必以治内为先"，这句话真是不错，自十家牌法一行之后，再也没人敢私通匪类、传递消息、窝藏奸宄了。

　　一面施行治内政策时，一面又精选民兵，所有老弱之卒，一概淘汰，择许多骁勇绝群、胆力出众的壮年汉子，分别教练御侮破敌之术，又令各县长官，照样选择勇壮士卒，分守城隘。各处防备已妥，自己择教的精兵，又已纯熟，于是实行出兵作剿匪工作了。

第二节　肃清贼寇

明朝是一个贼寇最多，而又最横行猖獗的时代。就是明朝的国家，后来也是亡于李自成、张献忠的手里，虽有许多官兵进剿，结果总是劳而无功。自经阳明领兵剿灭，不留一点遗孽，清平将及百年，而无匪踪。这种武功，这种用兵如神，真可说是旷古所未有的，真值得称为"大军事家"四个字！也真不愧这四个字！

他所平的贼寇，头绪纷繁，几无从叙起。兹为使读者易于明了起见，分段述之于下：

（一）平漳州贼。漳州贼魁詹师富、温火烧，是时率众横行，势极猖獗。阳明到赣仅十日，见警报甚急，于是先行进剿。一面移文湖广、福建、广东三省长官围剿，一面自己誓师出发。因贼域早已蔓延四省之广，凡一省剿匪，其他三省必须同时合作，已勒为令。但阳明对于此举，颇不赞成。盖既久候三省，同时进兵，则多费时日，贼易早窜，且仓促之变，尤非随机扑灭不可。故他带着副使杨璋，不等三省兵来，早已下了动员令。遇贼于长富村，战而败之，贼退象湖山，追至莲花石，适于会剿兵遇，乃行合围之策。围宽，反被贼溃出，阳明怒责失律者。后佯云将退师犒众，贼闻不备，遂袭而大破之，漳贼尽平。是役斩贼首七千余级，为时不过二月零三日。

（二）平乐昌、龙川贼。平了漳贼之后，而乐昌、龙川尚多啸众肆掠，将用兵剿之，先犒以牛酒银布，复谕之曰：

人之所共耻者，莫过于身被为盗贼之名；人心之所共愤者，莫过于身遭劫掠之苦。今使有人骂尔等为盗，尔必愤然而怒；又使人焚尔室庐，劫尔财货，掠尔妻女，尔必怀恨切骨，宁死必报。尔等以是加人，人其有不怨者乎？人同此心，尔宁独不知？乃必欲为此，其间想亦有不得已者。或是为官府所迫，或是为大户所侵，一时错起念头，误入其中，后遂不敢出。此等苦情，亦甚可悯。然亦皆由尔等悔悟不切耳。尔等当时去做贼时，是生人寻死路，尚且要去便去；今欲改行从善，是死人求生路，乃反不敢耶？若尔等肯如当初去做贼时拼死出来，求要改行从善，我官府岂有必要杀汝之理？尔等久习恶毒，忍于杀人，必多猜疑。岂知我上人之心，无故杀一鸡犬尚且不忍，况于人命关天？若轻易杀之，冥冥之中，断有还报，殃祸及于子孙，何苦而必欲为此。我每为尔等思念及此，辄至于终夜不能安寝，亦无非欲为尔等寻一生路。惟是尔等冥顽不化，然后不得已而兴兵，此则非我杀之，乃天杀之也。今谓我全无杀人之心，亦是诳尔；若谓必欲杀尔，又非吾之本心。尔等今虽从恶，其始同是朝廷赤子。譬如一父母同生十子，八人为善，二人背逆，要害八人；父母之心，须去二人，然后八人得以安生。均之为子，父母之心，何故必要偏杀二子，不得已也。吾于尔等，亦正如此。若此二子者，一旦悔恶迁善，号泣投诚，为父母者，亦必哀悯而赦之。何者？不忍杀其子者，乃父母之本心也。今得遂其本心，何喜何幸如之。吾于尔等亦正如此。闻尔等为贼，所得苦亦不多，其间尚有衣食不充者。何不以尔为贼之勤苦精力，而用之于耕农，运之于商贾。可以坐致饶富，而安享逸乐，放心纵意，游观城市之中，优游田野之内。岂如今日出则畏官避仇，入则防诛惧剿；潜形遁迹，忧苦终身，卒之身灭家破，妻子戮辱，亦有何好乎？尔等若能听吾言，改行从善，吾即视尔为良民，更不追尔旧恶。若习性已成，难更改动，亦由尔等任意为之。吾南调两广之狼达，西调湖湘之士兵，亲率大军，围尔巢穴，一年不尽，至于两年，两年不尽，至于三年。尔之财力有限，吾之兵粮无穷，纵尔等皆为有翼之虎，谅亦不能逃于天地之外矣。呜呼！民吾同胞，尔等皆吾赤子，吾终不能抚恤尔等，而至于杀尔，痛哉！痛哉！兴言至此，不觉泪下。

这篇谕文，无论什么人见了，都得要受它的感动，尤其是它那一种蔼然哀怜无辜之情，能使人读了，不觉泪下。果然龙川贼首卢珂、郑志高、陈英等，见此谕文后，便即刻率众来降，并愿效死以报。后浰头贼将黄金巢，亦率五百人效顺。阳明不费一兵一矢之劳，居然一纸谕文，就把乐昌、龙川之贼平了。

（三）平大庾贼。龙川贼降，以大庾贼最近，议先破之，招新民之在寨的，用卢珂、郑志高等设计，潜行纵火，破寨十九所，斩贼首陈曰能，并其从者五百十级，大庾贼遂平。为时仅二月零五日。

（四）平横水、左溪贼。阳明那时驻南康，去横水三十里，乃夜抽乡兵善会登山的四百人，使各执旗，赍铳炮，由间道攀崖，伏于贼巢附近高岩，预嘱大兵进攻时，即以火炮响应。又预遣指挥谢昹，率壮士夜上窃险，先发其滚木礌石之伏险的贼徒。于是进兵，贼刚迎敌，忽山顶炮声兀起，烟焰蔽天，回头一看，则红旗满山，以为官军已占据了寨，将弃隘走，而谢昹的兵呼噪出，贼益怯战，阳明麾兵进攻愈猛。贼大溃，遂破长龙等五寨，及横水大寨。

先是未剿横水以前，预遣都指挥许清，自南康心溪入，知府邢珣，知县王天与自上饶入，皆会横水。指挥郑文自大庾义安入，唐淳、季斅自大庾聂都稳下入，县丞舒富自上犹金坑入，皆会左溪。惟知府伍文定、知县张斅从上犹、南康分入，以遏奔轶。至是果各奏肤功：邢珣、王天与各破磨刀、樟木、貌湖八寨，会于横水；唐淳破羊牯脑三寨，又破左溪大寨，郏文、舒富、季斅各破狮子、长流、箬坑、西峰十二寨，会于左溪；最后伍文定、张斅亦以遏轶兵，连破数寨，于是横水、左溪之贼均平，计斩贼首谢志珊等五十六，从贼二千一百余，俘贼二千三百余，散归者无算，为时只二十日。

（五）平桶冈贼。横水、左溪之贼既平，因粮尽兵竭，且桶冈险不易下，拟先抚谕，不从再剿之。遣通贼戴罪官民李正岩、刘福等，直入贼寨谕抚，约次日会锁匙笼候抚，贼初畏威允从，既而变悔，因犹豫不决，故未暇为备。至期，一面派人至锁匙笼如促降者，一面暗遣邢珣入茶坑，伍文定入西山界，唐淳入十八磊，张斅入葫芦洞，俱冒雨进。贼首蓝天凤、钟景方出锁匙笼候命，忽闻阳明的军都至，急返内隘，据水而阵。阳明遂领兵进剿，大破之。贼首蓝天凤、钟景、萧贵模等，均面缚叩军门乞命，桶冈贼遂平，为时仅一月十一日。

（六）平大帽贼。帽贼池仲容，前见阳明抚谕，乃观望不至，但其将黄金巢却已归顺。阳明破横水，黄竟立功，池始惧罪。在阳明征桶冈时，亦遣其弟仲安来从，非助官军，乃是乘间预做贼应的。阳明已知其诈，故抑置后队，不使夺隘。及桶冈破，池氏兄弟大恐，益增战具。阳明知有变，至三帽界，见贼戒备颇严，诡问其故。答说："卢珂、郑志高是我们仇敌，戒备系防他来暗袭，不是防备官军的。"阳明假怒着说："你们都是从征有功的，不应以私害公。"值仲安在军，而卢、郑密告三帽反状，阳明乃出仲安面质，佯责卢、郑为诬陷，假杖系之于狱，而阴使卢弟集兵待，遣人招仲容来。仲容不虞阳明有诈，既来，阳明待益厚，仲容更为不疑。正月三日大享，伏甲士于门，出卢、郑于狱，而暴池氏兄弟之罪，尽斩之。于是进灭其巢，一鼓而下。贼首张仲全等恸哭请降，乃纳之，大渊贼尽平。是役斩贼首五十二，并从贼二千余，为时不过十日。

以上所叙的，都是阳明亲平的巨寇，至于旁剿之著者如彬桂贼，此处不再为叙述了。

阳明到赣，不过一年，而所有的贼寇，被他剿抚并用，一齐都肃清了。由是境内大定。他很感激王琼的举荐，及邀请天子赐他军事上的全权，始能便宜行事，荡平匪乱。每于疏后，均推兵部之功，语总不及内阁。时内阁与琼有隙，见阳明如此推重王琼，大为妒恨，谓抚臣无赖，有功状不归之朝廷，而反归之于兵部，是真大不敬。阳明冒尽危险，用尽心机，得来的一点功劳，反遭小人的攻击，真可为之一叹。

虽然妒恨者自妒恨，而阳明的剿匪功劳，无论如何，总不能磨灭下去。论功行赏，升封为都察院右副都御史了。

他得胜班师，回到南康时候，沿途人民都顶香膜拜，并且许多州县人民，还为他立生祠，因他为民除了一大害——匪患，所以人民才这样崇拜他、尊敬他呀！

第三节　偃武修文的时期

贼寇已平，武事完结，而文事兴致又动了。

他在此时做了两件很有益于哲学上的贡献：

（一）刻古本《大学》。《大学》是中国哲学上一本极重要的名著，就是阳明的"致知"学说，也是由《大学》中产生。后经程子、朱子为之分经、分传，其书原是一篇，本来没有经、传可分，硬被程朱一分，反失去原有的真质；又有些地方本不阙漏的，被程朱一补，反弄得本义隐晦了。阳明在龙场时，见朱子注的《大学章句》，不是圣门本旨，乃手录古本，伏读精思，果然证明朱子的谬误。他因不满意程朱的分、补，遂刻没有分或补的古本《大学》，恢复《大学》原来的完璧。又旁为之释，而引以叙。至于他所释的，是否即《大学》本旨，我们固难断定，然使我们多得一见解的参考，和更多一深切的认识，是无可讳言的。

（二）刻《朱子晚年定论》。朱子因为同明朝皇帝同宗的缘故，差不多尊之如神明一样，再也没有人敢来批评他的不是处；偏偏阳明对他却处处表示不满意——不是人格的不满意，乃是学说上的不满意。于此须得先说明一句：阳明的学说，乃是受了陆象山的影响，换句话说吧，阳明乃是陆的信徒，他的学说，多少都带有百分之七十陆学说精粹的成分。陆对于朱是极端抱着反对态度的，朱的学说是"道学问"，陆的学说是"尊德性"，谁是谁非，千载而后，还没有人能敢下一胜负的定谳。故阳明的不满意于朱子的学说，是当然的，不足为怪的。反之，如朱子的信徒对于陆的学说，也是不能满意而要大施攻击的。

至于他为什么要刻朱子的《晚年定论》呢？他借这《晚年定论》来攻击朱子么？但以我个人的见解，阳明刻这书时，固然是含有宣告陆氏的学说，已占胜利；而朱氏的学说，已处失败的地位，而有向陆投降的意味。但也不完全是这样。他实在意义，是推重朱子晚年能悟中年之非，终不失圣门学者态度；可惜为其门人，误执己见，以致真朱学，反蔽而不彰，是很可惜的（但后来学者已考证《朱子晚年定论》，不一定都是晚年的言论）。还有一方面，就是阳明的学说倡出后，一般人常把朱子学说来诘难，说"王学"乃是伪学。阳明知道自己的学说，与朱子中年的未定之说，自然是抵牾很多，但与朱子晚年之说一印证，却正相合。足见自己发明的学说，不是伪哲学，而是极有价值的哲学了。

他把两本书刻完以后，却得了一件极可痛心的事，就是他平日最心喜的门人徐爱，与世长辞了。他此时哀恸，已达于极点。他不仅因为死个门人，便如此伤心，实在是徐爱乃王门第一个大弟子，最能了解认识他的学说。徐爱一死，直接是他学说上的大损失，间接就是中国哲学上的大损失。他看着许多门人，都不及徐爱能知他的学说之深。后来果然阳明死后，门人就分派别，立门户，使"王学"几完全流于虚妄，为举世所诟病。要是徐爱不早死，或者不会如此哩。

徐爱既死，他所遗下的有本《传习录》，是记阳明与门人所问答的话，徐爱特地记下来，这是研究阳明学说的人所不可不读的。薛侃将徐爱所录一卷、陆澄所录一卷刻之于虔。阳明的学说，于是更为昌大普遍了。

阳明平贼之后，不仅专注重文事，而且对于政治建设方面，也极力进行，如疏通盐法、设立书院、定兵制、举乡约、立社学、设和平县等事，都是在贼平后做的。

第十一章　讨逆戡乱

第一节　扑灭宁王的逆焰

武宗是个昏暴的君主，宠信一班阉宦，他还不悟刘瑾即是前车之鉴。又爱荒游无度，弄得朝政日非，人民嗟怨，就此引动了宁王的野心，起了"彼可取而代也"的念头。

其实这也不能怪宁王，自古及今，谁个不想尝一尝做皇帝的滋味？无权无能的平民，都有这种野心，何况宁王手握重兵、职居王位呢？只怪他的机会不好，一下就碰着阳明，皇帝没有做成，反使历史上大书而特书"乱臣贼子"等字样，落得臭名千载，供人唾骂，未免太不值得。总而言之，"皇帝"这个东西，实在是个不祥之物，古今的多少人，为要尝一尝它的滋味，弄得骨肉相残，身首莫保的，随在都是。故我说这次宁王大发野心，原不能怪宁王，只怪做"皇帝"这个东西的滋味，太具有勾引迷惑人的大魔力呀！

宁王在未叛以前，见阳明毫不费力地荡平诸寇，心里颇为惊服他用兵之神，因也惧怕阳明，如将来自己动兵时，恐阳明会做对头，从中破坏。他于是派自己心腹刘养正，特往试探，乘间游说，假作宁王慕阳明之学，特请其讲学的。不料阳明是个极端忠君主义者，倒弄得刘养正不敢开口，但阳明因宁王乃是个藩王，既使人来聘请，自然也要应酬一下。便派门人冀元亨往应其聘，并借以观宁王所为。宁王语时挑之，元亨佯不喻，宁王目以为痴。他日，元亨又反复讲君臣之义甚悉，宁王见太不投机，乃作罢。不久就起反了。

　　阳明此时，因得祖母病重的信，心急如焚，故上疏致仕，旨下不准，反命他往福建戡乱，阳明又不敢违抗，只好遵旨。不料刚行至丰城，就得知宁王作乱，并且杀了都御史孙燧等消息，遂易服弃官舟返。宁王发千余人来劫，几被蹑及，乃匿渔舟之临江，复到吉安。他已预备不去福建，变起非常，他不能不负起讨逆平乱的重大责任了。

　　到吉安，与知府伍文定谋，惧逆兵直趋京师，则大局将危不可挽，若用计挠阻，少迟旬日，即可以布置一切了。乃阳通刘养正，使宁王早离南昌，并嘱其做内应。阳明又手不停笔，连发公文火牌二百余事，或召勤班，或戒防守，或布告远地。又急上疏飞报朝廷，复与文定征调兵食　'治器械舟楫，又传檄暴露宁王的罪恶。时都御史王懋中，编修邹守益，副使罗循、罗钦德，郎中曾直，御史张鳌山、周鲁，评事罗侨，同知郭祥鹏，进士郭持平，降谪驿丞王思、李中都来了，御史谢源、伍希儒，也自粤归。人才一多，办事愈易收效。会宁王的伪檄，也使人赍到了吉安，阳明便把使者斩了，封檄拜疏以进。又扬言都督许泰、郤永将边兵，刘晖、桂勇将京兵，各四万，水陆并进；南赣王守仁、湖广秦金、两广杨旦合领十六万，将直捣南昌。又诈作蜡书，遗宁王左右相李士实、刘养正，诡令劝宁王速率兵东下，功成必膺懋赏。故又泄漏于宁王，使他知晓。这一反间计，真用得厉害，宁王已疑李、刘二人有卖己行为了。恰巧李、刘果力劝疾趋南京，宁王越发大疑，不敢出师离南昌一步。过了十天，见朝廷讨伐的兵，一个也没有来进攻，于是才知是上了阳明的大当了。

　　十天已过，宁王便实行出师，哪知机会已过，阳明在此十日

134

之内，一切都布置调度妥毕，预备对敌，再也不惧怯宁王了。在这千钧一发的时候，被他略施小计，便使敌人不敢出一兵一卒，让自己得以从容布置一切讨逆事务。临这样之非常巨变大乱，镇静不慌，把军事布置得有条不紊，卒收功效，这都是素日修养的功力啊！

宁王出兵，南昌仅留少许兵保守，带着六万士卒，诈称十万，浩浩荡荡，直往南京攻来。九江、南康因兵少，遂以次袭取，又以大兵直取安庆。阳明侦知南昌兵力单薄，而所约各郡勤王之兵，均已如期会于樟树镇，合约八万人，也诈称三十万。有人主张先救安庆之危，阳明不以为然，且云：救安庆最为失计，不如攻南昌，断其巢穴，必获胜利。大家都赞成他的主张。遂派伍文定为先锋，自率大兵直趋南昌，一鼓就克复了。军士太杂，颇有杀掠者，事后都被阳明一一正了军法。一面擒获逆党数十人，封府库、慰宗室、宥胁从、安士民，人民大为欢悦，咸庆重睹天日。一面又派伍文定、邢珣、徐琏、戴德儒等，各将精兵，分道并进，追攻宁王，又派胡尧元等暗设伏兵，安排停当，只候捷音了。

宁王做梦也不曾想着自己的根据地，会落到阳明的手中，忽得南昌失守之信，犹如青天一个霹雳，惊骇得半晌说不出话来。只好返师救援，遇阳明的军于黄家渡，战时伏兵尽出，宁王军大溃。乃退守八字脑，尽发南康、九江之兵，与阳明决死战，不料又大败。复退保樵舍，联舟为阵。是夕风极大，被阳明用计火攻，遂遇擒。许多非正式的丞相、将军，死的死，擒的擒，宁王所有的势力，完全土崩瓦解了。

宁王本是一个威权煊赫、势焰滔天的藩王，只因一念之差，想尝做皇帝的滋味，被阳明东出一计，西设一谋，不过一个多月，弄得大败特败，自己还要被擒，真是太不幸了。

一场最大的国难，非常的事变，被他肃清得干干净净。而平定这难事的，乃是一位著名的大哲学家，实是前此所未有的奇闻呀！

第二节　功成以后的谗谤

在宁王未败以前，武宗因听了许多佞臣的话，总疑心阳明不肯尽力，自己又想尝尝带兵的味道儿，于是自己封自己为"总督军务威武大将军总兵官后军都督府太师镇国公"，带领着京中数万士卒，出发讨逆。阳明以前的捷报，每至京，均被一班奸人匿不上闻，等到良乡时始得阳明"生擒宁王"的捷报，并有疏来谏武宗回京。哪知武宗受了嬖臣之谗言佞语，预备把宁王仍放回南昌，候御驾亲征，战而擒之，以显天威。阳明闻知这个消息，不觉大惊失色，好容易擒着宁王，如何能随意又放虎回山，军事哪可以视同儿戏。且人民疮痍未复，更何能再经战祸。乃夜见张永，说不可放宁王又再战的道理，张永也很赞成阳明的话，可是他又知道武宗的脾气。凡在武宗正高兴做什么事的时候，最不喜臣子谏阻的，即或苦谏，也是不会从纳的。阳明亦知武宗受了嬖幸的谗言，已无挽回的希望，乃以宁王交付张永，献俘于上，自己就称病往西湖去了。

张忠是武宗最宠幸的一个太监，也就是第二个刘瑾。先前宁王未反的时候，已与忠通，此次宁王为阳明所执，张忠因而大憾。反在武宗面前，诬阳明曾与宁王私通，因畏上亲征，故卖宁王以成其功。这话太诬得无凭据，故武宗也不大深信。阳明在西湖时，忠每矫旨来召他。阳明知系矫旨，不赴，故又密谮阳明必反。武宗问他何以晓得验明呢？忠说："如试召，必不会来！"哪知一召竟至。忠用计阻阳明，拒之芜湖，不使见帝，借以实其言。阳明知是奸谋，遂入九华山，坐草庵中修养，意态萧闲。武宗暗使人侦知其状，说道："王守仁是个学道的人，如何说他会反。"于是仍命巡抚江西，使还南昌。功成后的阳明，此时反因有功，而日处在群小谗间之中，即设帐讲学，也都目他为邪说，攻击诬陷，无所不至。但阳明却毫未在意，仍然依照他自己的方针，朝前进行。

阳明到了南昌，张忠已先奉旨早来。他与阳明原是有仇恨的，故意纵自己带来的京军，时常呼名谩骂阳明。而阳明不但不动气，反待京军更厚。京军见阳明如此宽仁，也齐心爱戴，不敢再犯了。就是长官有命令教他们再骂，他们也不肯从了。

有一天在教场里较射，张忠自恃有技，以为阳明决计是不会的，遂强逼着请阳明较射。在他的意思，如阳明射不中，便可借以辱羞泄憾。他何曾知道阳明比他箭技还高，能百发百中呢？阳明被他逼不过了，只好慢慢地张起弓来，一箭，二箭，三箭，一连一二三箭，都中鹄的，京军也为之欢呼不已。张忠只有垂头丧气，不敢再起轻视之念了。

后来张忠带兵回京，与祝续、章纶一班人，百端谗毁阳明，幸亏张永从中代为辩解，独持正论，阳明始得保全。又暗使人教阳明更上捷奏，须云这次讨平逆乱，乃是奉了威武大将军的方略，与诸位嬖幸的指助，方能成就大功。阳明便如其言，把以前的捷奏，完全删改报上。他们一班朋比为奸的金壬，再也不说什么。那位像小孩子一样脾气的皇帝，更是心满意足，不再苛求了。

武宗羁留南畿，为时已久，还是不想回京。阳明很想进谏，但明知武宗未必肯从，自己只好专心致志，教士卒作战之法。许多人都替阳明忧虑所居的地位危险，因为一个昏暴的君主，与一班嫉功妒能的嬖人，怎能容得下这劳苦功高、正直无私的阳明呢？阳明于是作了一首《啾啾吟》，表明自己大无畏的精神，诗道：

知者不惑仁不忧，君何戚戚双眉愁？

信步行来皆坦道，凭天判下非人谋。

用之则行舍则休，此身浩荡浮虚舟。

丈夫落落掀天地，岂愿束缚如穷囚。

千金之珠弹鸟雀，掘土何须用镯镂？

君不见？

东家老翁防虎患，虎夜入室衔其头？

西家儿童不识虎，执竿驱虎如驱牛。

痴人惩噎遂废食，愚者畏溺先自投。

人生达命自洒落，忧谗避毁徒啾啾。

读了这首诗，我们可以想见他不畏谗毁的精神，真伟大极了。

阳明前在讨逆时，已得着祖母去世的噩耗，心中着实悲痛，因国难未平，故不敢告仕。现在乱事已平，于是接连上了几道疏，请归省葬，均未获准。武宗也念他此次有功，升他为南京兵部尚书参赞机务，他借此机会，又上疏乞归省葬，便邀准许了。

他因要归越，欲同门人一聚，共明此学，许多门人，都到白鹿洞听讲，他就聚精会神，把自己的学说，尽情发挥，讲毕不久，他便归越去了。

第十二章　晚年的生活

第一节　重返故乡

久在外面流离的游子，一旦重返故乡，真是人生最愉快、最难得的幸事，可是在阳明，只感觉得神伤心痛、黯然欲涕啊！

真不幸，一位鞠育辛苦的祖母，一旦就溘然长逝了。并且生不但未曾孝养，而死的时候，连面也未曾见，他怎能不哀恸伤感呢！

大难之后，父子重逢，自然是件快活的事，但是痛定思痛，当然免不了的还有一阵难过。

武宗已晏了驾，继位的为世宗，改元嘉靖，进封阳明为新建伯。旨到时，正值龙山公七十生诞之期，阳明奉觞上寿，龙山公勉他须力报国恩，并说："非常之宠，亦岂易受。"阳明伏地听受。可惜不久，这位好父亲就死了。

居父之丧，他的哀痛，自不必说。他又实行素食，百日之后，便令弟侄辈稍进干肉，说："他们豢养已久，强其不能，是无异教他们作伪，这是不可以的。"如若有高年远客来吊，素食中还间肉二器。湛若水来吊时，大不以阳明此举为然，便遗书致责。阳明也承认是罪，不欲多辩。他知若水性质，过于拘执，决不会了解他的用意的。

父亲死了不久，接着他的夫人诸氏也逝世了。父丧之后，继之以妻丧，他此时的心绪，已凄楚到了极点。他的晚年，直可说是最不幸的时代。虽然这不幸，乃是人生所必经的途径，但总不能不说是不幸啊！

他"不幸时代"的不幸，不仅如此，还有"不幸"又来了。

他因不得在朝宰辅之欢，以致他的学说，也受人剧烈的攻击，骂它是邪学，骂它是离经叛道。攻击他学说的人，一个是御史程启充，一个是给事毛玉，这两位的攻击的动机，是承与阳明不合的宰辅之意。换句话说，他们不是自动，乃是被动的。阳明的门人陆澄，便上疏为六辩以对驳。阳明闻知，连忙止着，教他不要争辩，是非均可付诸公论。他这种态度，是最对的。但无缘无故，被人下一攻击，幸亏不是遇着武宗，否则横被禁止，也是意中事呀。

有一次南京策士，主试的人，也是承忌者意，以"心学"为问，亦欲借以攻击阳明的。阳明的门人，这次与试的，却也有几个：徐珊见出的问题，是含有攻击其师之意，竟不答而出；欧阳德、王臣、魏良弼等则直发师旨，不稍隐讳，也在被取之列；钱德洪则下第而归，深恨时事之乖。阳明反喜道："圣学从此大明矣。"德洪说："时事如此，何见大明？"阳明就告诉他说："吾学恶得遍语天下士，今《会试录》，虽穷乡深谷，无不到矣。吾学既非，天下必有起而求真是者。"他的学说，接着受了两次攻击，他却毫不动气生恨，这均是他有涵养的地方。

在越，门人愈进多了，于是特辟稽山书院，作讲学之用。因学生太多，以致地方狭不能容。学生当中，连六十八岁的老人也有，阳明自己也不过只五十三岁哪。

在五十五岁时候，阳明却得了一件极可喜庆的事，就是他在晚年得了儿子了。他以前因膝下空虚，龙山公特择守信之子正宪立以为嗣，这次他的继室张夫人，却也生一子，取名为正亿，阳明晚年得子，出诸望外，实可说是喜庆呀！

第二节　再平贼寇

阳明此次乞假返里，差不多居了五年，对政治生活厌烦了的他，原打算不预备再出山的，偏是天不从人愿，两广又发生了祸患，不容他过晚年清闲的生活，逼着他重复演奏"全武行的拿手戏"——平贼。他的拿手戏，固然是很多，但一般人都最赏识的，却是武戏。所以一遇贼起，便有人就要保奏他负平贼的责任。我们这位老哲学家，不得不为国事，又再效驰驱了。

这回所平的贼，究有几处呢？共有两处：一是思田的贼，一是八寨的贼，兹分述之：

（一）平思田贼。思恩岑浚与田州岑猛，均是该地的土官，因怨生恨，遂致互相残杀。都御史潘蕃，诛浚不立其子，改其地为流官以制之，把世袭的制度打破，改为轮流的制度。总督姚镆率兵讨猛，猛败而死，姚镆欲尽灭岑氏，也想仿潘蕃处置岑浚之法，改其地为流官。不料岑氏旧属苏受等，乘土司不满意姚潘之处置，遂挟众以叛，攻陷思恩。姚镆久征无功，贼焰日势。侍郎张璁、桂萼举荐阳明，于是仍以原官兼左都御史，但阳明之意，以为土官仇杀，究非寇贼攻劫郡县、荼毒生灵者可比，而且岑氏是世官，屡受征调，为国从征有功，不应骤灭，总以恩无为宜。遂以此意上了一疏，旨令更议，他于是不得不出兵了。苏受闻知阳明带了兵来，吓得不敢迎敌，便派人诉告愿降，乞贷一死。阳明许了他的请求，苏遂囚首自缚，自赴军门请命。乃数苏之罪，杖之而贳其死，亲入营抚其众七万，并立岑猛之子邦相为吏目署州事，以苏受等任巡检司，思恩之乱遂平。不用一兵一矢，而自能令人望风即降，足见老哲学家的声威服人了。

（二）平八寨贼。八寨、断藤峡诸贼，多系瑶人，约有数万之众，凶恶成性，不可改化，屡征不能平。而八寨的贼，尤为猛悍，素为恶地方，那处人民，均感苦痛。阳明带兵来时，人民遮道请剿讨之。阳明应允了他们的请求，便差副使翁素、参将张经，先以万人趋断藤峡，阳明乘贼未备的时候，就领三千多兵进剿。不到一月，诸贼尽平了。

这两处的贼，既被阳明剿灭肃清之后，终明世百年中，无有贼患（到崇祯时候，贼始起明就亡了）。这种伟大的功劳，这种铲除贼根，不使再萌的手段，真是值得我们的赞慕与钦佩！

八寨的贼虽平，而朝中的谗毁又起。因他原是受命征思田的，没有受命征八寨，这便是阳明有擅专之罪。幸方献夫及霍韬上疏，力辩阳明有功无罪，始得平安无事。

他在征平思田后，觉得教育比军事还要重要，而蛮夷新服，尤非有学校教化不可。于是兴思田学校、兴南宁学校，从此以后，果然"南人不复反矣"。

第三节　大哲学家最后的人生

在这节书内，我们这位大哲学家，将要与读者长辞永诀了。他已经历到了人生最后的一个极不幸的时期，他的生活也已演到了最后的一幕——死。"死"是多么恐怖、悲哀而异常神秘的一个字，它现在快降临到我们这位哲学家身上来了。

阳明的致死之疾，就是肺病与痢疾，他这病在壮年时代，已就有了。若能让他多享受点山林泉石的生活，或者还不至于即会死。可是频年为国事奔驰，终日不得清闲。又远谪瘴疠之域，他如何能再支持下去。这是他长逝的最大原因啊！

他此次领兵来征思田贼寇的时候，就是带病从事的，贼平之后，他的病更加深了。他便上疏乞归养病，不料旨还未报，他就撒手人间而去了。

当他病还不十分沉重的时候，他还祀五世祖纲增城的庙，他又谒伏波庙。十五岁他曾梦谒此庙，并且还作了一首诗，却不料在五十七岁，将死之前，应验少年的梦了。有诗特志其不是偶然的事，诗道：

四十年前梦里诗，此行天定岂人为。
徂征敢倚风云阵，所过须同时雨师。
尚喜远人知向望，却惭无术救疮痍。
从来胜算归廊庙，耻说兵戈定四夷。
楼船金鼓宿乌蛮，鱼丽群舟夜上滩。
月绕旌旗千嶂静，风传铃柝九溪寒。
荒夷未必先声服，神武由来不杀难。
想见虞廷新气象，两阶千羽五云端。

此时门人钱德洪与王畿来了一封信，阳明在病中，也回了他一封，这是最后的绝笔信，大意是嘉勉德洪等并望他督教其子，末还说："纵不遂归田之愿，亦必得一还阳明洞，与诸友一面而别。"他自己还没有料到他自己想一还阳明洞，是不能再得了。他更没有料到死神已近临其身了。

他的病已愈剧了，已再不能候旨了。遂自班师，由梅岭到安南时，门人周积来见，看着阳明病势不轻，急迎医诊治。到了第二天，阳明已知生命宣告绝望，便叫周积来说："我要去了。"积泣下，问师有否遗言。他微哂着说："此心光明，亦复何言。"说完，就瞑目而逝了！

他死之后，门人多来奔师之丧，舆榇登舟，人民思及他的遗德，也都为哀痛不止。到南昌，因逆风舟不能行，后风顺便护柩返籍，想生还阳明洞的阳明，却只有灵柩还里了。

他死之后，桂萼谗陷他，说他是擅离职守。乃下诏停世袭，恤典也不行。给事周延先疏争，反被黜为判官；詹事黄绾上疏，力斥桂萼之奸，而皇帝也不听。到后隆庆时，廷臣多颂其功，才诏赠新建侯，谥文成，并许从祀文庙。一位为国事驰驱而死的阳明，几乎得不着君主的一点报酬，而反有罪，这是何等不平的事呀！

但他死后，当时虽然没得着君主什么报酬，可是各地方的百姓，争立祠祭祀，风起云涌，这比君主的报酬，却有一万分的伟大。他虽不得昏主庸臣之欢，而能得人民真诚的爱戴，那就是他的人格、功业、道德、学说最有光荣的大成功了。

第三篇

王阳明及其思想

马宗荣 著

第一章　阳明小史

王阳明，名守仁，字伯安，号阳明，浙江余姚人，其远祖为晋之王羲之。曾祖名世杰，祖名天叙，父名华，皆著名于当时的学者。其父华于宪宗成化十七年（西历 1481 年）以进士第一名及第，官至南京吏部尚书。

宪宗成化八年（西历 1472 年）九月三十日，阳明生，幼而岐嶷。十五岁时，从父滞燕京，出游于居庸关，慨然有经略四方之志。于是游历塞外各地，经月而返。十八岁时，师事娄一斋，主讲求宋儒格物之学，以为圣人可学而至，专心潜修。孝宗弘治中，边烽甚急，患无当其任的将才，更研攻兵学。

先是阳明讲求宋儒格物之学，与钱友同论，做圣贤要"即物穷理"，因指亭前竹子令其格看，钱子早夜去穷格竹子的道理，谒其心思至于三日，便致劳神成疾。阳明当初疑钱精力不足，因自去穷格，早夜不得其理，到七日，亦以劳成疾。阳明乃谓圣贤有分，转为词章之学。继而认为词章之学，到底不足通于道，偶读朱子《上光宗疏》，见其中有"居敬持志"为读书之本，"循序致精"为读书之法，渐渍有所浃洽。然其心与理，终判而为二。阳明沉思久之，旧疾复作，烦闷游日。偶闻道士谈养生之说，一时向往之，遂有遗世入山之志。弘治十二年（西历 1499 年），阳明及第进士，任刑部主事，寻转兵部，渐悟仙释之非，遂绝之，专潜心于得道，排词章记诵之学，而首倡身心之学。然未能彻底。

武宗正德元年（西历 1506 年），上封事，请开言路，遭权臣刘瑾之忌，触祸，廷杖四十后，贬谪贵州龙场驿丞。刘瑾心犹不甘，遣人谋杀于途。阳明虑不能免于难，至钱塘时，伪投水，因得脱险，而潜行至闽界，山行数十里，一夜叩一寺而乞宿，山僧不纳，不得已而宿一野庙，夜半，虎来窥，幸未遇害。阳明历许许多多的困难，始得安抵龙场驿。

龙场，逮今贵州省的修文县，当时为未开之地，多苗夷之民，言语不通。阳明因自作石椁而居，日夜端坐，以求静一。适遇从者皆病，阳明不得不躬自采薪取水，又时作诗歌，以自解慰，因沉思圣人处这样艰难困苦的境地，有何道呢？一日中夜，忽大悟格物致知之旨，圣人之道，吾性自足，向之求理于事物者之误，乃呼跃而起，证之五经之言，无不吻合，于是乃有《五经臆说》之作。阳明居龙场日久，当地文化日渐进步，乃构龙冈书院，居其中。不久，阳明应贵州提学副史席书之聘，主讲贵阳书院。这个时候，他初倡"知行合一"之论，以确立其学问的根基。

正德五年（西历 1510 年），刘瑾被诛，阳明再起为知庐陵县事，累进为南京鸿胪寺卿，门人渐进。时虔、闽不安，正德十一年（西历 1516 年），阳明任都察院左佥都御史，巡抚南赣。翌年，平漳南地方之贼。当其巡抚南赣，虽常在兵马之间，无暇宁处犹与门人薛侃、欧阳德等二十余人日事讲学，刊刻《古本大学》，分与之，以指示入道之法。同年，又刻《朱子晚年定论》，以示自说之不尽与朱子相反。薛侃等亦于是岁刊刻阳明的《传习录》一书。时门人骤增，其讲舍不能容，乃修濂溪书院，居其中。

正德十四年（西历 1519 年），宁王朱宸濠反于南昌，阳明率先起义兵讨平之，兼江西巡抚。十六年，在江西发现"致良知"

之说。先是平宁王之乱，实阳明之力。然阳明献捷时，权臣太监张忠、许泰欲夺其功，因抑其捷书，且劝帝亲征，阳明上书谏止。二人又抑之而不纳，且潛阳明必反。阳明见帝辩之，二人又沮之。阳明乃弃召入山。幸遇太监张永的救解，且帝亦信其不反，再起复旧官，使巡抚江西。阳明念及其入生出死于战阵之间，讨平反贼，反遭奸人之潛，明心无由，然处此进退维谷之际，深信赖自己的良知，其结果，益信"良知"之真足以忘一身之患难、出生死，考之三王而不谬，建之天地而不悖，质诸鬼神而无疑，俟之后圣而不误，于是始倡"良知"之教。

是年，孝宗崩，世宗立，以阳明平江西之功，升南京兵部尚书，封新建伯。嘉靖四年（西历1525年），门人又增，遂建阳明书院于越。嘉靖六年，钱德洪刻其《文录》，旋被命为兵部尚书，总督两广、江西、湖广军务，征思州、田州之贼。阳明病很重，具疏请辞，其疏中说："臣闻命惊惶，莫知攸措。伏自思惟，臣于君命之召，当不俟驾而行，矧兹军旅，何敢言辞？顾臣病患久积，潮热痰嗽，日甚月深，每一发咳，必至顿绝，久始渐苏。乃者，谢恩之行，轻舟安卧，尚未敢强，又况兵甲驱劳，岂复堪任？夫委身以图报，臣之本心也。若冒病轻出，至于偾事，死无及矣。"疏上，不许，遂出征，翌年平之。

十一月二十五日，阳明逾梅岭，至南安。登舟时，南安推官门人周积来见，阳明起坐，咳喘不已。徐徐地说："近来进学如何？"周积以政对，遂问："'道体'无恙？"阳明说："病势危亟，所未死者，元气耳。"周积请退而迎医诊药。廿八日晚泊，阳明问："何地？"侍者说："青龙铺。"明日，先生召周积入。久之，开目对周积说："吾去矣！"周积泣下，问："有何遗言？"

阳明微哂，说："此心光明，亦复何言。"顷之，瞑目而逝，时为明世宗嘉靖七年（西历1528年）十一月二十九日辰刻，阳明年五十七。讣至，门人来会，护丧，葬于越。

阳明的著述，自著有《五经臆说》，惜不传。但有门人编纂的《传习录》三卷及《王文成公全集》三十八卷。

第二章 阳明的根本思想

第一节 宇宙观

　　阳明的学问，主要致力于人禀生以后的方面，故对于心性论、致良知说、知行合一说、修养论，举凡关于人禀生以后的诸问题，讨论甚详。至于关于天地万物所由发生的宇宙问题，未见详论。

　　阳明认为，天地万物，乃由"理""气"而成。其说虽与以前儒家所说者无异，然其见解，则有不同。阳明说："理者，气之条理；气者，理之运用。无条理，则不能运用；无运用，则亦无以见其所谓条理者矣。"由此以观，阳明合"理""气"而为一；宇宙间的"气"，运行之间，有一定的秩序及井然的条理，这叫做"理"；一定的秩序及井然的条理，常运行不止，这叫做"气"。故"理""气"之来，是可归一的。阳明的宇宙观，是一元论。

　　以上是介绍阳明就人物禀生以前，以论"理""气"之说。兹在就阳明就人物禀生以后，以论"气""性"之说而征之，其"理气合一"的观念，益为明白。阳明说：

　　"生之谓性"，"生"字即是"气"字，犹言气即是性也。"气"即是"性"，人生而静以上不容说，才说"气"即是"性"，即已落在一边，不是性之本原矣。孟子性善，是从本原上说。然性善之端，须在气上始见得，若无"气"，亦无可见矣。恻隐、羞恶、辞让、是非即是"气"，程子谓"论性不论气不备，论气不论性不明"，亦是为学者各认一边，只得如此说。若如得自性明白时，气

150

即是性，性即是气，原无性气之可分也。

这是"性体"之运用，借"气体"行之，故性善之端，必在"气"上始可得见，是"性"与"气"本可为一的，不可分之为二。而阳明又说人物禀生以后，天理之所赋予人物者叫做"性"，故"性"即"理"，"性""理"为一，从而"理气合一"之理，可以明白了。

世之论"理""气"的人，从宋的周濂溪到朱子，有宋一代学者，均把它看做两件东西，而立二元论。独北宋的张横渠谓"理是气之理"，认为"理气"为一物；南宋陆象山也视"理气"为同一物，而立一元论。阳明的宇宙观、理气论，则认为是一物的两面，而立对等的一元论。故阳明的宇宙观，虽与横渠、象山同倡一元之说，但与横渠所主张的以"气"为主的一元论，与象山所主张的以"理"为主的一元论，其见解不同。

第二节　性论

阳明论"性"，认为"性"为天地万物所通有，"性"只有一。《王文成公全书》卷一上说：

"性"一而已：自其形体也谓之天，主宰也谓之帝，流行也谓之命，赋于人也谓之性，主于身也谓之心；心之发也，遇父便谓之教，遇君便谓之忠，自此以往，名至于无穷，只一"性"而已。犹人一而已：对父谓之子，对子谓之父，自此以往，至于无穷，只一人而已。人只要在性上用功，看得一"性"字分明，即万理灿然。

阳明次论人性。人性的本体，无善无恶，是中性的。只在其发用上，可为善，又可为恶。《王文成公全书》卷三上说：

问："古人论'性'，各有异同，何者乃为定论？"

先生曰："'性'无定体，论亦无定体，有自本体上说者，有自发用上说者，有自源头上说者，有自流弊处说者。总而言知，只是一个'性'，但所见有浅深尔。若执定一边，便不是了。性之本体原是无善无恶的，发用上也原是可以为善，可以为不善的，其流弊也原是一定善一定恶的。譬如眼有喜时的眼，有怒时的眼，直视就是看的眼，微视就是觑的眼。总而言之，只是这个眼，若见得怒时眼，就说未尝有喜的眼，见得看时眼，就说未尝有觑的眼，皆是执定，就知是错。孟子说性，直从源头上说来，亦是说个大概如此。荀子性恶之说，是从流弊上说来，也未可尽说他不是，只是见得未精耳。众人则失了心之本体。"

但阳明虽说"性"的本体无善无恶，本性是自然的发用，可以善性出现，其以恶出现的，可看为流弊。故《王文成公全书》卷三上说：

性无不善，知无不恶。

惟阳明认为"性"的"本性的发用"，必依"气"行之，故性善之端，必在"气"上始得见之。恻隐、羞恶、辞让、是非的四端，即不外"气"，即"性"与"气"似乎是二，而实为一。"性""气"原来是不可分的。

第三节　心即理说

陆象山看宇宙现象为"理"的显现，已如前述。象山更进一步而倡"心即理"说，说明"理"又为"心"。象山说："宇宙即是吾心，吾心即是宇宙。"他在《与曾宅之书》中说："心，一心也；理，一理也。至当归一，精义无二，此心此理，实不容有二。"又在《与李宰书》中说："人皆有是心，心皆有是理，心即理也。"复在《杂说》中说："宇宙便是吾心，吾心即是宇宙。东海有圣人出焉，此心同，此理同也。西海有圣人出焉，此心同，此理同也。南海北海有圣人出焉，此心同，此理同也。千百世之上，有圣人出焉，此心同，此理同也。千百世之下，有圣人出焉，此心同，此理同也。"此皆认宇宙之理与吾心，为同一的"心即理"的哲学观。因为宇是"上下四方"的意思，乃示空间之语；宙是"往古来今"的意思，乃示时间之语。象山认为，凡与空间与时间有关的一切现象，悉为吾心的表象，故倡"心即理"之说。故象山在《杂说》中说："宇宙内事，乃己分内事；己分内事，乃宇宙内事。"象山认宇宙现象为吾心的表象，而解吾心的判断即条理，为宇宙之理。

阳明绍述象山之说，阐扬"心即理"之论。要讲阳明的"心理说"，请先讲阳明所谓的"心"。阳明说：

身之主宰便是心。

心不是一块血肉，凡知觉处便是心，如耳目之知视听，手足之知痛痒，此知觉便是心也。

虚灵不昧，众理具而万事出。心外无理，心外无事。

故所谓"心"者，是虚灵不昧、具众理，有知觉能力，以主宰一身，而能应凡百事物者，叫做"心"。

"心"的意义既明，次究阳明之所谓"心即理"。《传习录》上说：

（徐）爱问："至善只求诸心，恐于天下事理，有不能尽。"

先生曰："心即理也。天下又有心外之事，心外之理乎？"

所谓心即理者，即人心天理之意。天地万物之理，无不具在人心，秋毫不借外来，不外孟子"万物皆备于我"之意，故"心"为绝对无限的，包有宇宙万物之理，而无所漏。阳明在《与王纯甫第二书》中说：

夫在物为理，处物为义，在性为善，因所指而异其名，实皆吾之心也。心外无物，心外无事，心外无理，心外无义，心外无善。

故心以外，不容任何物的存在。

次进而研究"心"与"理"何故归一之理。阳明在《答顾东桥书》中说：

夫物理不外于吾心，外吾心而求物理，无物理矣；遗物理而求吾心，吾心又何物邪？心之体，性也。性即理也。故有孝亲之心，即有孝之理；无孝亲之心，即无孝之理矣。有忠君之心，即有忠之理；无忠君之心，即无忠之理矣。理岂外于吾心邪？

阳明在《书诸阳伯卷（二）》上说：

心之体，性也，性即理也。天下宁有心外之性？宁有性外之理乎？宁有理外之心乎？外心以求理，此告子"义外"之说也。理也者，心之条理也。是理也，发之于亲则为孝，发之于君则为忠，发之于朋友则为信。千变万化，至不可穷竭，而莫非发于吾之一心。

可见，"心"为万理的统会，主宰一身，以应万事；"理"是指着在此"心"而生之处而言。即忠之理为此心着于事君上而生，孝之理为此心着在于事父上而生。所谓"理"，即此心的条理。这个"理"发之于事亲上，则为孝；发之于事君上，则为忠；发之于交朋友上，则为信。其他千变万化，无非皆有一心而发。故有孝亲之心，遂有孝之理；无孝亲之心，则无孝之理。有忠君之心，遂有忠之理；无忠君之心，则无忠之理。因之，可知心外无理。

第四节　致良知说

　　"致良知"之说，为阳明独创的思想。故欲说明之，首先须说明阳明所说的"良知"是什么。"良知"之语，出于孟子。孟子将"良知""良能"二者并举，阳明则专说"良知"，不说"良能"。孟子说："人之所不学而能者，其良能也；所不虑而知者，其良知也。"孟子的所谓"良知"，是指人之"所不虑而知者"而言。换句话说，就是先天固有的知。

　　阳明的所谓"良知"，其界说则较孟子为大。他认心的"虚灵明觉处"为"良知"。"良知"即心的本体，从而"良知"为"天理"，为圣人，为真吾。

　　阳明在《答顾东桥书》中说：

　　心者，身之主也。而心之虚灵明觉，即所谓本然之良知也。

　　在《答陆原静书》中说：

　　良知者，心之本体，即前所谓恒照者也。

　　阳明又说：

　　良知是天理之昭明灵觉处，故良知即是天理。

　　在《书魏师孟卷》中说：

　　心之良知，是谓圣。

　　在《从吾道人记》中说：

　　夫吾之所谓真吾者，良知之谓也。

　　阳明谓"良知"为人人之所同具，他在《答陆原静书》中说：

　　性无不善，故知无不良，良知即是未发之中，即是廓然大公，寂然不动之本体，人人之所同具者也。

　　阳明又谓做心的本体的"良知"无分动静，换句话说，互动静而常存。阳明说：

"未发之中"即良知也，无前后内外而浑然一体者也。有事无事，可以言动静，而良知无分于有事无事也；寂然感通，可以言动静，而良知无分于寂然感通也；动静者所遇之时，心之本体固无分于动静也。

但人心与天地一其体，犹如大地有昼夜翕辟之别一样，"良知"也有顺应无滞的良知与收敛凝一的良知。前者，即日间的良知；后者，即夜间良知。《传习录》中说：

（黄省曾）问："通乎昼夜之道而知。"

先生曰："良知原是知昼知夜的。"

（黄省曾）又问："人睡熟时良知亦不知了。"

（先生）曰："不知何以一叫便应？"

（黄省曾）曰："良知常知，如何有睡熟时？"

（先生）曰："向晦宴息，此亦造化常理。夜来天地混沌，形象俱泯，人亦耳目无所睹闻，众窍俱翕，此即良知收敛凝一时。天地既开，庶物露生，人亦耳目有所睹闻，众窍俱辟，此即良知妙用发生时。可见人心与天地一体，故上下与天地同流。今人不会宴息，夜来不是昏睡，即是忘思魇寐。"

（黄省曾）曰："睡时功夫如何用？"

先生曰："知昼即知夜矣。日间良知是顺应无滞的，夜间良知即是收敛凝一的。"

要之，"良知"通乎昼夜，无所不知。只犹天地有晦明二面，人的众窍翕辟之别。"良知"随众窍的翕辟，或收敛或发散。

但阳明认"夜间良知"为良知的本体，虽昼间事物纷扰之时，可以夜间良知处之。阳明说：

良知在夜气发的，方是本体，以其无物欲之杂也。学者要使事物纷扰之时，常如夜气一般，就是通乎昼夜之道而知。

阳明又谓"良知是绝对的"，超乎空间与时间，万物皆从此发展，不仅人具有良知，草木瓦石亦同具有良知，亘万古而不灭。《传习录》卷下有云：

朱本思问："人有虚灵，方有良知。若草木瓦石之类，亦有良知否？"

先生曰："人的良知，就是草木瓦石的良知。若草木瓦石无人的良知，不可以为草木瓦石矣。岂惟草木瓦石为然，天地无人的良知，亦不可为天地矣。盖天地万物，与人原是一体，其发窍之最精处，是人心一点灵明。风、雨、露、雷、日、月、星、辰、禽、兽、草、木、山、川、土、石，与人原只一体。故五谷、禽兽之类，皆可以养人；药石之类，皆可以疗疾。只为同此一气，故能相通耳。"

这是说"良知"是超空间的。《与邹谦之书》中说：

良知之在人心，则万古如一日。

这是说"良知"是超时间的。《答欧阳崇一书》中说：

良知之在人心，亘万古，塞宇宙，而无不同，不虑而知，恒易以知险，不学而能，恒简以知阻，先天而天不违，天且不违，而况于人乎？况于鬼神乎？

这是说"良知"是超乎时间并说及是超乎空间的。

但人与万物的相违，其理由何在呢？盖由于气禀的偏正。吾人虽有良知，然因气禀之偏，蔽于私欲，不能纯乎天理，放良心而不知求之。故阳明在《答陆原静书》中说：

虽妄念之发，而良知未尝不在，但人不知存，则有时而或放耳；虽昏塞之极，而良知未尝不明，但人不知察，则有时而或蔽耳。虽有时而或放，其体实未尝不在也，存之而已耳；虽有时而或蔽，其体实未尝不明也，察之而已耳。

阳明在《传习录》中又说：

（黄省曾）问："知譬日，欲譬云，云虽能蔽日，亦是天之一气合有的，欲亦莫非人心合有否？"

先生曰："喜怒哀惧爱恶欲，谓之七情。七者俱是人心合有的，但要认得良知明白。比如日光，亦不可指着方所。一隙通明，皆是日光所在，虽云雾四塞，太虚中色象可辨，亦是日光不灭处，不可以云能蔽日，教天不要生云。七情顺其自然之流行，皆是良知之用，不可分别善恶，但不可有所着。七情有着，俱谓之欲，俱为良知之蔽。然才有着时，良知亦自会觉，觉即蔽去，复其体矣！此处能勘得破，方是简易透彻功夫。"

阳明以"欲"与"良知"对言，"欲"遮蔽"良知"而使其本能不全，"欲"由"情""意"有所着，失其度而生，"情"成为"良知"的作用，则不得全抑止之。只要使"情"无所执着，不失其度，而顺自然流行，则"欲"自去，"良知"可得而复其本体。

由上所说，"良知"蔽于物欲，妄念起，则本心的良心暗，但良知未尝消灭。故学问之要，在去私欲，复本然的良知，使本然的良知致于其至极，致本然的良知。于是阳明倡致良知之说。阳明认为《大学》之所谓"致知"，即致此良知。"致"是"至"之意，如说"丧致乎哀"之"致"之意，致吾心的良知于其至极之意，至吾心的良知于事事物物之意。致吾心良知于事事物物，则事事物物皆得其理。阳明在《答顾东桥书》中说：

若鄙人所谓致知格物者，致吾心之良知于事事物物也。吾心之良知，即所谓天理也。致吾心之天理于事事物物，则事事物物皆得其理矣。

以上说了"致良知"的意义，次说"致良知"的价值。阳明在《书魏师孟卷》说：

心之良知是谓圣。圣人之学，惟是致此良知而已。自然而致之者，圣人也；勉然而致之者，贤人也；自蔽自昧而不肯致之者，愚不肖者也。愚不肖者，虽其蔽昧之极，良知又未尝不存也。苟能致之，即与圣人无异矣。此良知所以为圣愚之同具，而人皆可以为尧舜者，以此也。是故致良知之外无学矣。

阳明又在《与杨仕鸣书》中说：

区区所论致知二字，乃是孔门正法眼藏。于此见得真的，直是建诸天地而不悖，质诸鬼神而无疑，考诸三王而不谬，百世以俟圣人而不惑！

由上所论可知"致良知"的价值：致良知可以为圣人；致良知，则天下之人皆可为尧舜；致良知乃是孔门正法眼藏。知之者，方谓知道；得之者，方为有德。

又次论"致良知"之用。我们可从"知"的作用及"情"的作用两方面去探讨。阳明在《答聂文蔚书》中说：

夫人者，天地之心。天地万物，本吾一体者也，生民之困苦荼毒，孰非疾痛之切于吾身者乎？不知吾身之疾痛，无是非之心者也。是非之心，不虑而知，不学而能，所谓良知也。良知之在人心，无间于圣愚，天下古今之所同也。世之君子，惟务致其良知，则自能公是非，同好恶，视人犹己，视国犹家，而以天地万物为一体，求天下无治，不可得矣。

又说：

今诚得豪杰同志之士，扶持匡翼，共明良知之学于天下，使天下之人，皆知自致其良知，以相安相养，去其自私自利之蔽，一洗谗妒胜忿之习，以跻于大同。

阳明之意，盖在借这"致良知"之说，以匡救天下社会。

阳明在《答聂文蔚第二书》中说：

近岁来山中讲学者，往往多说"勿忘勿助"工夫甚难。问之，则云："才着意便是助，才不着意便是忘，所以甚难。"区区因问之云："忘是忘个甚么？助是助个甚么？"其人默然无对。始请问。区区因与说我此间讲学，却只说个"必有事焉"，不说"勿忘勿助"。必有事焉者，只是时时去集义。若时时去用必有事的工夫，而或有时间断，此便是忘了，即须勿忘；时时去用必有事的工夫，而或有时欲速求效，此便是助了，即须勿助。其工夫全在必有事焉上用，勿忘勿助只就其间提撕警觉而已。……夫"必有事焉"，只是集义。集义只是致良知。说集义，则一时未见头脑；说致良知，即当下便有实地步可用工。故区区专说致良知。随时就事上致其良知，便是格物；着实去致良知，便是诚意；着实致其良知而无一毫意必固我，便是正心；着实致良知，则自无忘之病；无一毫"意、必、固、我"，则自无助之病；故说格致诚正，则不必更说个忘助。孟子说忘助，亦就告子得病处立方。告子强制其心，是助的病痛，故孟子专说助长之害。告子助长，亦是他以义为外，不知就自心上集义，在必有事焉上用功，是以如此。若时时刻刻就自心上集义，则良知之体洞然明白，自然是非非，纤毫莫遁。

"致良知"是与孟子的集义同样功夫，每于有事之际，从吾心的判断，循序实行其事。且阳明的"致良知"极明白简易，不似集义的漠然无所把握。故"致良知"是入圣得道的简明而有把握方法。以上两段，我以为是从"知"的作用上，说致良知之用。

阳明在《答聂文蔚第二书》中又说：

良知，只是一个天理，自然明觉发见处，只是一个真诚恻怛，便是他本体。故致此良知之真诚恻怛，以事亲便是孝；致此良知真诚恻怛，以从兄便是弟；致此良知之真诚恻怛，以事君便是忠。只是一个良知，一个真诚恻怛。若是从兄的良知不能致其真诚恻怛，即是事亲的良知，不能致其真诚恻怛矣。事君的良知，不能致其真诚恻怛，即是从兄的良知，不能致其真诚恻怛矣。故致得事君的良知，便是致却从兄的良知；致得从兄的良知，便是致却事亲的良知；不是事君的良知不能致，却须又从事亲的良知上去扩充将来，如此又是脱却本原，着在支节上求了。良知只是一个。随他发见流行处当下具足，更无去求，不须假借。然其发见流行处却自有轻重厚薄，毫发不容增减者，所谓天然自有之中也。虽则轻重厚薄毫发不容增减，而厚又只是一个；虽则只是一个，而其间轻重厚薄又毫发不容增减，若可得增减，若须假借，即已非其真诚恻怛之本体矣。此良知之妙用，所以无方体，无穷尽。语大，天下莫能载；语小，天下莫能破者也。

我以为是从"情"的作用上，以说"致良知"的用。

"致良知"的功夫呢？阳明的修养论，全是在教人做这一项功夫。一句话可以说完：致知在格物。"致良知"的功夫，就是格物。物要待吾心意投着，始能认识，不外意之用。阳明说：

意之所用，必有其物，物即事也。如意用于事亲，即事亲为一物；意用于治民，即治民为一物。

其虚灵明觉之良知，应感而动者谓之意。

格者，正也。正其不正，以归于正也。

格物，如《孟子》"大人格君心"之"格"，是去其心之不正，以全其本体之正。但意念所在，即要去其不正，以全其正。

即去人欲，复天理，乃是格物之意。即所谓格物，乃就意念的发动的每件事，从良知所指示，去恶就善，则每件事得全其正，吾良知之所知，无有亏缺，毫无所蔽，而得以致其至极。于是良知致，而后意念的发动诚。阳明说：

格物是致知功夫，知得致知，便已知得格物。若是未知格物，则是致知功夫亦未尝知也。

详细地说，所谓"致良知"者，在使良知的发用流行尽其极。但因有物欲，则良知的发用不全，故不可先去其不正的物欲。物欲去，良知始可致。故去物欲，即与凡事相接至极，一任良知的自然发用，遂可以得致全体的良知了。

《传习录》中说：

黄以方问："先生格致之说，随时格物，以致其知，则知是一节之知，非全体之知也。何以到得溥博如天，渊泉如渊地位？"

先生曰："人心是天渊。心之本体无所不该，原是一个天。只为私欲障碍，则天之本体失了。心之理无穷尽，原是一个渊。只为私欲窒塞，则渊之本体失了。如今念念致良知，将此障碍窒塞一齐去尽，则本体已复，便是天渊了。"乃指天以示之曰："比如面前见天，是昭昭之天；四外见天，也只是昭昭之天。只为许多房子墙壁遮蔽，便不见天之全体。若撤去房子墙壁，总是一个天矣。不可道眼前天是昭昭之天，外面又不是昭昭之天也。于此便见一节之知，即全体之知；全体之知，即一节之知。总是一个本体。"

即一节之知，即全体之知，总是一个本体。阳明又说：

我辈致知，只是各随分限所及。今日良知见在如此，只随今日所知扩充到底；明日良知又有开悟，便从明日所知扩充到底。

如此方是精一功夫。

故今日格一个物，致一个知，此功夫进而不已，遂得全体之知，使全体之知致其极，可得复一个本体。以上所论，均为阳明致知功夫，致良知的功夫。

阳明格物致知之功，又在戒惧慎独。阳明说：

必欲此心纯乎天理，而无一毫人欲之私，非防于未萌之先，而克于方萌之际不能也。防于未萌之先，而克于方萌之际，此正《中庸》"戒慎恐惧"、《大学》"致知格物"之功，舍此之外，无别功矣。

由上而观，阳明致知的功夫，在格物，格物致知的功夫，在戒惧慎独。随你去静处体悟也好，随你去事上磨炼也好。

阳明重视为学的目的，故以唯心主义而立论。阳明以"诚意"为主，格致不过诚意之功，而欲达诚意的目的，必下此功夫。阳明在《答顾东桥书》中说：

若"诚意"之说，自是圣门教人用功第一义。

阳明又说：

君子之学，以诚意为主，格物致知者，诚意之功也。

又说：

《大学》之所谓"诚意"，即《中庸》之所谓"诚身"也。《大学》之所谓"格物致知"，即《中庸》之所谓"明善"也。博学、审问、慎思、明辨、笃行，皆所谓明善而为诚身之功也，非明善之外别有所谓诚身之功也。格物致知之外，又岂别有所谓诚意之功乎？

又说：

君子之学以诚身。格物致知者，立诚之功也。譬之植焉，诚，其根也；格致，其培壅而灌溉之者也。后之言格致者，或异于是矣。不以植根而徒培壅焉、灌溉焉，散精劳力，而不知其终何所成矣。

但阳明虽是这样的以诚意为学问之主，格致为其功夫。然欲达诚意的目的，非由格物致知下功夫不可。故决不轻格物致知，且深深地重视它。阳明说：

功夫难处，全在格物致知上。此即诚意之事。意既诚，大段心亦自正，身亦自修。但正心修身功夫，亦各有用力处，修身是已发边，正心是未发边。心正则中，身修则和。

诚意为格致之果，正心修身又为诚意之果。诚意虽为主目的，其功不得不待于一格致。而格致之功，是不容易的。故阳明晚年专标榜"致良知"。

第五节　知行合一说

根据以上阳明之说，所谓致知者，不仅知其法而已，必实行之，然后叫做致知。盖必致心的良知于意之所在的事物上，而后谓之致知，此结果必然发生知行合一说。《传习录》上说：

知是行的主意，行是知的功夫；知是行之始，行是知之成。若会得时，只说一个知，已自有行在；只说一个行，已自有知在。

又有云：

知者行之始，行者知之成。圣学只一个功夫，知行不可分作两事。

此即说知常须行，行常须知，二者到底不可分别。阳明更举事实证：

"如好好色，如恶恶臭。"见好色属知，好好色属行。只见那好色时已自好了，不是见了后又立个心去好。闻恶臭属知，恶恶臭属行。只闻那恶臭时已自恶了，不是闻了后别立个心去恶。如鼻塞人虽见恶臭在前，鼻中不曾闻得，便亦不甚恶，亦只是不曾知臭。就如称某人知孝、某人知弟，必是其人已曾行孝行弟，方可称他知孝知弟，不成只是晓得说些孝弟的话，便可称为知孝弟。又如知痛，必已自痛了方知痛；知寒，必已自寒了；知饥，必已自饥了。知行如何分得开？

夫人必有欲食之心，然后知食。欲食之心即是意，即是行之始矣。食味之美恶，必待入口而后知，岂有不待入口，而已先知食味之美恶者邪？必有欲行之心，然后知路。欲行之心即是意，即是行之始矣。路歧之险夷，必待身亲履历而后知，岂有不待身亲履历，而已先知路歧之险夷者邪？

可见，知不在行之先，知行二者，常相追随，不可截然分别。

阳明在《答顾东桥书》中，更说明知行相待的关系，他说：

知之真切笃实处，即是行；行之明觉精察处，即是知，知行功夫本不可离。只为后世学者分作两截用功，失却知行本体，故有合一并进之说。"真知即所以为行，不行不足谓之知。"

阳明又说：

行之明觉精察处，便是知；知之真切笃实处，便是行。若行而不能精察明觉，便是冥行，便是"学而不思则罔"，所以必须说个知；知而不能真切笃实，便是妄想，便是"思而不学则殆"，所以必须说个行；原来只是一个功夫。

阳明又就《中庸》之所谓博学、审问、慎思、明辨、笃行的义解，说明他的知行合一论。他说：

夫学、问、思、辨、行，皆所以为学，未有学而不行者也。

如言学孝，则必服劳奉养，躬行孝道，然后谓之学，岂徒悬空口耳讲说，而遂可以谓之学孝乎？学射，则必张弓挟矢，引满中的；学书，则必伸纸执笔，操觚染翰。尽天下之学，无有不行而可以言学者，则学之始，固已即是行矣。笃者，敦实笃厚之意，已行矣，而敦笃其行，不息其功之谓尔。盖学之不能以无疑，则有问，问即学也，即行也；又不能无疑，则有思，思即学也，即行也；又不能无疑，则有辨，辨即学也，即行也。辨既明矣，思既慎矣，问既审矣，学既能矣，又从而不息其功焉，斯之谓笃行。非谓学、问、思、辨之后而始措之于行也。是故以求能其事而言谓之学，以求解其惑而言谓之问，以求通其说而言谓之思，以求精其察而言谓之辨，以求履其实而言谓之行。盖析其功而言则有五，合其事而言则一而已。此区区心理合一之体，知行并进之功，所以异于后世之说者，正在于是。

阳明反对古来学者之学、问、思、辨四者为知，以笃行始为行。其谓学、问、思、辨亦为行，非是至学、问、思、辨之后始有行。知行是并进的，是合一的，不能以先后而分别之。

然世上往往有知而不能行者，则因其知为私欲所间断，不是真知。《王文成公全书》卷五中说：

（徐）爱曰："如今人尽有知得父当孝、兄当弟者，却不能孝、不能弟，便是知与行分明是两件。"

先生曰："此已被私欲隔断，不是知行的本体了。未有知而不行者。知而不行，只是未知。圣贤教人知行，正是安复那本体，不是着你只恁的便罢。故《大学》指个真知行与人看，说'如好好色，如恶恶臭'。……知行如何分得开？此便是知行的本体，不曾有私意隔断的。……古人所以既说一个知又说一个行者，只为世间有一种人，懵懵懂懂的任意去做，全不解思维省察，也只是个冥行妄作，所以必说个知，方才行得是；又有一种人，茫茫荡荡悬空去思索，全不肯着实躬行，也只是个揣摸影响，所以必说一个行，方才知得真。此是古人不得已补偏救弊的说话，若见得这个意时，即一言而足。"

为什么阳明要立知行合一之说呢？阳明说：

须识我立言宗旨。今人学问，只因知行分作两件，故有一念发动，虽是不善，然却未曾行，便不去禁止。我今说个知行合一，正要人晓得一念发动处，便即是行了。发动处有不善，就将这不善的念克倒了。须要彻根彻底，不使那一念不善潜伏在胸中。此是我立言宗旨。

阳明立知行合一之说，是因人往往忽视一念之微。故人去人欲的不善，而使知行合一的功夫，当用力于一念之微处。

第三章 阳明的教育思想

第一节 教育的必要

　　阳明的教育思想，与教育上发生什么关系呢？阳明为先天良心论者，倾向于性善论，其思想亦多与性善论者的思想相同，与孟子之"寡欲存夜气"的思想相似，故不否定教育的价值。根据阳明之说，心的本体为虚灵明觉的良知，然意念一动，向于物欲时，则本性的良知被蔽，而生不善。但随意所在某事而格之，去其人欲，排斥物欲的妨碍，而归天理，使发挥良知之光，则心的本性复明，即上文所说格物致知诚意之说。这不外承认教育的必要。

第二节 教育理想论

　　阳明主张致良知，克治复圣之说。又观阳明在龙场示诸生的教条有四：（一）立志；（二）勤学；（三）改过；（四）责善。学问的第一步，在立志，学者宜志在为君子。立了志，要勤于学问。做学问不当重聪慧警捷，要重在勤确谦抑，即不当以求知识的博大为做学问的目的，要作人格高尚的人。其次，凡人无论贤愚不肖，不得免于过。有过时，当不吝改悔。最后论朋友之道，在责善。朋友之间宜本乎忠爱之情，互相婉曲忠告。

　　正德十三年（西历 1518 年），阳明平三浰之贼后，在赣州立社学，叫所属各县的子弟，颇重修身、习礼、歌诗、暗诵讲书之学。

他在《训蒙大意示教读刘伯颂等》中又说道：

古之教者，教以人伦。后世记诵词章之习起，而先王之教亡。今教童子，惟当以孝、弟、忠、信、礼、义、廉、耻为专务，其栽培涵养之方，则宜诱之歌诗，以发其志意，导之习礼，以肃其威仪，讽之读书，以开其知觉。

可见，其教育理想、目的，在提倡人格教育。

第三节　教育方法论

据阳明"心即理"之说，心为具有天理之物，故其存天真状态之心，即是善。至于意，乃意念的动摇所生，故使存天真状态的心的发展，就能达到人生的目的。所谓"格物""致知""诚意"，其要不外正意念的动摇，使存天真状态的心发展。说到教育，使存天真状态的心发展，也是教育上的重大问题。故阳明在《训蒙大意示教读刘伯颂等》一文中说：

大抵童子之情，乐嬉游而惮拘检，如草木之始萌芽，舒畅之则条达，摧挠之则衰瘘。今教童子，必使其趋向鼓舞，中心喜悦，则其进自不能已。譬之时雨春风，霭被卉木，莫不萌动发越，自然日长月化。若冰霜剥落，则生意萧索，日就枯槁矣。

阳明将儿童的天性譬喻草木的萌芽，而论有助长的必要。其说又与自然主义的思想相同，而主张以启发儿童的天性，为教授儿童的方法。

阳明又倡知行合一说，主张知是行的开始，行是知的成。知的真切笃实处，即使行；行的明觉精察处，即是知。行而不能明觉精察，便是冥行；知而不能真切笃实，便是妄想。且以《中庸》之博学、审问、慎思、明辨，亦为执行并进，笃行为不息其功之谓。

故阳明的教学方法，主张彻底学习，并要力行。

阳明的训育方法，主张以养成活泼的孩童为训育方针，而反对鞭挞绳缚。阳明在《训蒙大意示教读刘伯颂等》一文中说：

> 若近世之训蒙稚者，日惟督以句读课仿，责其检束，而不知导之以礼，求其聪明，而不知养之以善。鞭挞绳缚，若持拘囚。彼视学舍如囹狱而不肯入，视师长如寇仇而不欲见。窥避掩覆，以遂其嬉游。设诈饰诡，以肆其顽鄙，偷薄庸劣，日趋下流，是盖驱之于恶。而求其为善也，何可得乎？

阳明的训育思想，与今之自由主义的教育思想相似，主张使之趋向鼓舞，中心喜悦，舒畅之，开发之，导之以礼，养之以善，反对用体罚。

但阳明知行合一之说，故有一念之发，便是行了。故阳明主张发念有不善，就要将这不善之念克倒，须要彻底彻根，不使一念不善潜伏胸中。故阳明的训育虽一念之微，必须用力根绝之。

第四节　训蒙教育论

阳明曾论到各级教育的内容。在赣州，立社学、定教约，以教所属各县的子弟。社学即今的小学，为实施基础教育的学校，与今之国民学校乡（镇）中心学校相似。其社学的课程，每日先考德，次诵书、背书，次习礼、或作课，次复诵书、讲书，次歌诗，考德。阳明主张：

> 每日清晨，诸生参揖毕，教读以次。遍询诸生：在家所以爱亲敬长之心，得无懈忽，未能真切否？温清凉定省之仪，得无亏缺，未能实践否？往来街衢，步趋礼节，得无放荡，未能谨饰否？一应言行心术，得无欺妄非僻，未能忠信笃敬否？诸童子务

要名以实封，有则改之，无则加勉。教读复随时就事，曲加诲谕开发。然后各退就席肄业。

歌诗：须要整容定气，清朗其声音，均审其节调。毋躁而急，毋荡而嚣。毋馁而慑。久则精神宣畅，心气和平矣。每学量童生多寡，分为四班，每日轮一班歌诗，其余皆就席，敛容肃听。每五日则总四班递歌于本学。每朔望，集各学会歌于书院。

习礼：须要澄心肃虑，审其仪节，度其容止。毋忽而惰，毋沮而怍，毋径而野。从容而不失之迂缓，修谨不失之拘局。久则体貌习熟，德性坚定矣。童生班次，皆如歌诗。每间一日，则轮一班习礼。其余皆就席，敛容肃观。习礼之日，免其课仿。每十日则总四班递习于本学。每朔望，则集各学会习于书院。

授书：不在徒多，但贵精熟。量其资禀，能二百字者，止可授以一百字。常使精神力量有余，则无厌苦之患，而有自得之美。讽诵之际，务令专心一志，口诵心惟，字字句句绸绎反复，抑扬其音节，宽虚其心意。久则义礼浃洽，聪明日开矣。

由上而观，阳明论训蒙教育（小学教育）的课程，与设课程的目的，及各科教学方法，颇为详明。其《训蒙大意示教读刘伯颂等》一文中，更对训蒙教育的旨趣，详为说明，可说是一篇谈小学教育原理或小学课程论的文字。其文云：

古之教者，教以人伦。后世记诵词章之习起，而先王之教亡。今教童子，惟当以孝、弟、忠、信、礼、义、廉、耻为专务，其栽培涵养之方，则宜诱之歌诗，以发其志意，导之习礼，以肃其威仪，讽之读书，以开其知觉。今人往往以歌诗习礼为不切时务，此皆末俗庸鄙之见，乌足以知古人立教之意哉！

故凡诱之歌诗者，非但发其志意而已，亦以泄其跳号呼啸于咏歌，宣其幽抑结滞于音节也；导之习礼者，非但肃其威仪而已，亦所以周旋揖让而动荡其血脉，拜起屈伸而固束其筋骸也；讽之读书者，非但开其知觉而已，亦所以沈潜反复而存其心，抑扬讽诵以宣其志也。凡此皆所以顺导其志意，调理其性情，潜消其鄙吝，默化其粗顽，日使之渐于礼义而不苦其难，入于中和而不知其故。是盖先王立教之微意也。

察其所论，颇为精微。而阳明小学教育的旨趣，主在教人做人。其教育课程，颇重于乐。凡习礼、歌诗之类，皆所以当存童子之心，使其乐习不倦，而无限于邪僻。此意亦可以在此文内见之。

第五节　大人教育论

阳明又论过大人之学、大人教育。何谓"大人"？阳明称视天地万物为一体、视天下为一家的人为"大人"，不外孔子之所谓"仁人"，亦现今之所谓"伟大人物"之意。故所谓"大人之学"，即古代所谓"圣道"，今之所谓"伟人修养论"。阳明所论做大人之道、大人之学、大人教育，不外《大学》所示的三纲领：明德、亲民、止于至善，及八条目中的格物、致知、诚意、正心、修身五条目。但阳明对"三纲领""八条目"的解释，则于朱子的所注者迥异。大人之道，在明明德、致良知、去人欲、存天理。至善即是良知，亲民所以致知。格物、致知、诚意、正心、修身五条目，亦所以去人欲、存天理、致良知。

要明明德，只须去掉私欲之弊，以明灵昭不昧之德即明德。复天地的本性，不必由本体以外，去持来增益。

要亲民，只须亲我的父，以及他人的父，更扩充及天下人的。于是我的仁与我的父、人的父、天下人的父，为一体。孝的明德明，自兄弟、君臣、夫妇、朋友，以至山川、鬼神、鸟兽、草木，均照这样的做法以亲之，而为一体，则兄弟、君臣、夫妇、朋友等的明德各始明。于是，我的明德可明于天下了。故亲民乃所以明其明德。故要明明德，必在于亲民。

至善，为明德亲民的极则。天命之性，猝然至善。昭灵不昧者，皆其至善的发现，是乃明德的本体，即所谓良知。至善的发现，是非可判，随感随应，变动不居。变动之中，自备天然的标准，即民彝物则的标准，本来存在于我心，不可从外来议拟增损。后世之人，惟其不知至善存于我心，而用其私智，以揣摩测度于外，以为事事物物，各有定理，是以昧其是非之则，以支离决诚，人欲肆而天理亡，明德亲民之学，遂乱天下，是不知止于至善了。故"止于至善"之于"明明德""亲民"，犹如规矩之于方圆，尺寸之于长短。无至善，明明德亲民不能行。简单地说，阳明认为"止于至善"即达到"致良知"的目的了。

阳明又认为《大学》所谓修身、正心、诚意、致知、格物诸条目，亦可以用上述明明德之说通之。盖这些条目，均是详言明德、亲民、止于至善之功夫。

何谓修身？怎样修身？为善去恶叫做修身。吾自身能为善去恶吗？欲为善而去恶，必其灵明主宰者的心欲为善而去恶，然后其形体运用者（即身）始能为善而去恶。故欲修其身者，必在于先正其心。

怎样正心呢？心的本体为性。阳明认为性无不善，则心的本体，本无不是，但自其意念发动之后，有不正。故欲正其心者，必就其意念的所发而正之。凡其发一念而善，好之，直如"好好色"一般地好之！发一念而恶，恶之，直如"恶恶臭"一般地恶之！如此，则意无不诚，而心可正了。故欲正其心者，必诚其意。

怎样诚意呢？意之所发，有善有恶，不有以明其善恶之分，亦将真妄错杂，虽欲诚之，也不可得而诚。故欲诚其意者，必在于致知。"致"者，"至"之意，如说"丧致乎哀"之"致"。"知"者，吾心的良知。"致知"，不是后儒所谓"充广其知识"之意，是"致吾心的良知，于其至极至"之意。良知，是孟子所谓"是非之心"，人皆有之。是非之心，不待虑而知，不待学而能，是如天命之性，吾心的本体，是自然灵昭明觉的。当意念之发，吾心的良知，无有不自知，其为善抑为恶，惟我的良心自知之，是皆无关于他人者。故虽小人之为不善，其见君子，则必厌然，揜其不善，而著其善。今欲别善恶，以诚其意，除在致其良知之所知外，无他道。

怎样致知呢？欲致其良知，岂"影响恍惚而悬空无实"之言吗？是必实有其事，故致知必在于格物。格物的"物"字，是"事"的意思。凡意之发，必有其事。意之所在之事，谓之物；意念的发动，谓之物。格物的"格"，有种种的意义，此处当如孟子所谓"格君心之非"的"格"一样，是"正"的意思。今言格物，则就其意念发动的一件一件的事项，遵从良知的所揭示，去恶而就善，则一件一件的事得其正，而我的良知之所知者，无有亏缺，而得以极其"至"了。无后意之所发者，然无自欺，而可以谓之诚。故《大学》说："物格而后知至，知至而后意诚，意诚而后心正，心正而后身修。"

第四章　阳明与晦庵

支配明代思想界的儒家学说，为朱子学。因为永乐时，坊间有《四书五经大全》一书，其内容悉依据朱子学说而编纂。当时之科举考试，悉依据这《四书五经大全》之说行之。故士林的思想，无出乎《四书五经大全》以外者。象山之学，当时视为禅学，视为异端。但朱子博古通今，明初的宗朱学者，从说格物穷理，实际只就朱子所著的《近思录》，或此等书而研究，其学识非常浅陋。阳明出版《古本大学》时，当时的学者，尚有不知除朱子的《大学章句》之外，有《古本大学》者。由此，可知当时学者的固陋。故徒说"居敬穷理"，而不知反省其心。阳明初研究佛老，后认道家长生不老之说的可笑，又悟佛家的弃人伦出家思想的反乎自然，因绍述象山的"心即理"说，标榜"致良知"，说"知行合一"之说。以反抗朱子之说。兹提要揭其学说与朱子学说迥异之点于后。

朱子对于"理气"之说，视为二物，而立二元论。阳明的理气观，则认为一物的两面，而倡对等的一元论。

朱子的"性论"，谓性的本体，即"未发之中"，不可以"善""恶"名。其所为善，是已发之和，偶然与阳明之说，大致相同。但阳明谓性体的发用，必借"气"行之。故告子的所谓"四端"，即不外乎气。故"性即气""气即性"，二者如二，二实为一。禀受后之性，是不可分的。关于此点，朱子号称禀受后之"性"为气质之"性"，而认性气的不可离，然性、气之间，犹设截然的区别。故其观点，因以不同。这是因为朱子执理气二元论，阳明执理气一元论，由此而生的自然的归结。

"心"与"理"的关系，朱子认为虚灵气中具有性的理者为心，即寓于理的气中者为心。换句话说，即理与气相合，而成为心，将两者区别而观。阳明则据象山之说，认为心即理，视心与理二者为同一之物。朱子之说，认心主乎一，而实管乎天下之理；阳明之说，认心虚灵不昧，众理具而万事出。

致知格物之说，朱子认"知"为知识之知，"物"为事事物物，致知格物，为"即物穷理"之意。万物之理，号"皆备于吾心"，然不学，则不知理，故即物穷理，以开发吾心。阳明认"知"为"良知"，格物之"格"，为"正"之意，故物为意之所在。吾人的良知，灵昭明觉，但蔽于物欲，即失其真，故当格物，去人欲，存天理，复其良知于至极。致良知的功夫，静坐固有效，但不过其一法。此外，必在事上磨练。这一点，与宋儒的致知格物专事静坐者不同。

知行合一说，为阳明的主张。朱子则主张先知而后行说。这是由于对格致的认识各异而然。盖朱子认"知"为经验的知识，故广穷事物之理，即至于知，故倡生知后行说。阳明认"致知"为致我的良知于意之所在的事物上，故有知行合一说。

阳明在大人教育论中，释《大学》一书中所论为"大人之学"，《大学》是谈圣道、伟人修养论的书，与朱子之释《大学》为"大学教育论"之见不同。朱子之所谓"大学"，是与"小学"相对而言的大学。朱子认《大学》三纲领之"在亲民"中的"亲民"二字，应改为"新民"；阳明则主张仍存其旧，作"亲民"二字，亲民则所以明明德，为明明德的手段。又"止于至善"，朱子认为至善当于事事物物中求之，阳明在至善为本然之性，为良知，止至善，则为复本然之性。再朱子研究《大学》一书，以"格物致知"为主眼，阳明则以"诚意"为眼目，格物只为诚意之功。诚意之极，不过止于至善。至于"至善"之则，为致知。

第四篇
王阳明生平

胡越　著

一、阳明出世

明宪宗成化八年（1472）

大明成化八年，正是西元 1472 年、民国纪元前 440 年，在古历九月三十日，中国浙江省余姚县里，出了一位大儒！虽然当不起救世之主、儒家之宗，但是他的哲学和他的教育主张，在今日世界，确卓然不可磨灭。倘若大家能实行他的学说，不但可以提高人群道德，还是无量数儿童的救星哪！

这位大儒，姓王，名守仁，字伯安，别号阳明子，本是晋朝山东琅琊孝子王览的后代。王览的曾孙，就是书学大家王羲之，甚爱慕浙江山水佳丽，便迁居山阴。传到二十三代，有个王寿，从达溪再迁到余姚，自此便为余姚人。王寿的五世孙王纲，文武出众，在明太祖时，征苗捐躯，朝廷特命立祠，春秋祭祀，这是阳明的五世祖。王纲传彦达，号秘湖渔隐；彦达传与准，自号遁石翁，精通礼、易，隐居不仕；与准传世杰，人呼槐里子；世杰传天叙，号竹轩，为人胸次洒落，吟歌自得，时人都比他做陶靖节、林和靖，这是阳明的祖父。他父亲单名一个华字，表字德辉，别号实庵，晚年自称海日翁，曾经读书龙泉山中，时人都称他龙山公，成化十七年（1481）状元及第，做到南京吏部尚书。他常常思念先世羲之公的故居，再从余姚迁到越城的光相坊。后来阳明也在越城东南二十里地，有个阳明洞，筑室读书，所以学者都称他阳明先生。

阳明生小就很聪明，况且养育在这诗书旧家，环境又好，到了五岁，家里还没有教过他识字，他忽然把祖父常读的书读起来了。王天叙一听，好不奇怪！过去问他，他回说："我常听得祖父这样读，早暗暗记熟了。"

二、金山赋诗

成化十八年（1482），阳明十一岁

王华在京供职，派人迎接他父亲王天叙到京里去住。那时阳明才十一岁，他祖父带着同行，路过镇江，王天叙天性潇洒，自然要流连一番，便和众宾客在金山寺饮酒取乐，领略那大江风物，大家兴致甚豪，正要即席赋诗，还没有成句，阳明忽然在他祖父身旁，高声吟道：

金山一点大如拳，打破维扬水底天。

醉倚妙高台上月，玉箫吹彻洞龙眠。

众宾听罢，个个惊异！便命他再做一首，以寺中"蔽月山房"为题，阳明又毫不思索，随口吟道：

山近月远觉月小，便道此山大于月。

若有人眼大于天，还觉山小月更阔。

看他第一首诗，气概不凡，第二首，思想高远，就知道他胸怀豪迈，推理精深。所以后来治学问、办政事，能跳出当时人的旧范围，独树一帜，不像常人那样徒读古书了。阳明随着祖父到京，住过一年，命他就塾读书。父亲王华，见他举动，豪迈不羁，心中常常担忧，独他祖父王天叙，料他将来有了学问，必能自己检束，决不会因此遭祸殃身的。

阳明自从就塾读书以后，每每喜欢对着书本，静坐不动凝神着想。有一天，忽然问塾师道："怎样算第一等事？"塾师说：

"只有读书,中进士。"阳明疑道:"中进士恐怕未必算,第一等事或者读书学做圣贤罢?"他祖父闻知,笑着说道:"好孩子,你要学做圣贤么?"

三、塞外出游

成化二十二年（1486），阳明十五岁

　　阳明十三岁上，母亲郑太夫人去世，居丧尽礼，和成人一样。三年服满，他就出游长城居庸关一带。那时长城以外，都是东胡、蒙古诸民族的部落，从明成祖征服以后，屡叛屡服，到成化年间，虽然遣使入贡，却渐渐强大。阳明到得长城，登高远望，觉得脚下一线，便是胡华天界，不觉触动了个民族思想、筹边心念，便慨然有经略四方之志。遂驱马出关，考察各族的部落，留心备御的政策，时时和胡儿混在一起赛马、校射，那些胡儿见他小小年纪，已经弓马娴熟，个个叹服！阳明游历了个把月，才回京城。忽闻京畿以内，石英、王勇盗起，又听得秦中石和尚、刘千斤作乱，几番要上书朝廷，去献那削平内乱的计划。父亲王华，连连斥骂他不准妄为，方才作罢。

四、江西招亲

明孝宗弘治元年（1488），阳明十七岁

　　阳明的外舅诸公养和，做江西布政司参议，把女儿许配于他，十七岁上，奉了父亲之命，到江西洪都去亲迎。诸公留他在衙门居住，择吉招赘。结婚那天，自有一番热闹，不必细说。谁知礼堂上准备行礼，书房里却不见了新郎！诸公急急派人四下找寻，影踪全无。原来，阳明那天偶尔出衙闲步，不觉行到铁柱宫，见一道士，趺坐一榻，阳明看他有些来历，便上前叩问。那道士也见阳明年少不凡，两下讲礼对坐，渐渐谈起养生之说，那道士逐层指点，阳明也逐层究问，把招亲的事，完全掉在脑后，直和道士谈到次早，诸公家人找来，然后告辞回衙。

　　阳明在这新婚之中，闲着没事，见诸公衙内有好几竹笥箱的纸藏着，就取出成天到晚地学习书法，从此字学大进。到回去时，那竹笥箱里的纸，被他写个尽空。后来阳明常常和学者说："我起初学字，对着古帖临摹，只学得字的外观，入后提着笔，不轻易落纸，先凝思静虑，把精神会聚一起，字体默运在心，然后下笔，如此好久，才通得字法。又见北宋程明道先生说：'吾作字甚敬，非是要字好，只此是学。'我们想来，既不要字好，又为什么要学字呢？可见古人随时随事，只在心上学，此心精明，字好也在其中了。"

五、回姚读书

弘治二年（1489），阳明十八岁

　　阳明在江西住过一年半，辞别诸公，同诸夫人雇舟回乡。路过广信，闻娄一斋先生深明宋儒理学，便专程拜谒。一斋先生说："圣人必定可以从学而求得的。"阳明就心服这一句话，留心圣贤学问。明年，祖父王天叙去世，父亲王华回乡守孝，命从弟冕、阶、宫和妹婿牧相，与阳明讲析经义。阳明日间随众课业，夜间搜取诸经、子、史诵读，每到深夜。冕等见他文字日进，自愧不及，并且知他已心游科举之外了。

　　大凡聪明人，常有诙谐戏谑的病，阳明年少时，也是如此。自从回家读书，磨砺一番，大悔前非，时时端坐省言。冕等四人，知他从小说笑惯的，决不会一时检束，都不信他。阳明正色道："我从前放逸，如今知道了。"冕等四人，也就端容慎言。

六、会试下第

弘治六年（1493），阳明二十二岁

阳明到了二十岁左右，经、史、文章，一天深似一天，修身功夫，也同时并进，便想进探宋朝许多大儒所讲的"格物"之学。

阳明那年随着父亲，住在京里，遍求北宋大儒朱熹所著遗书，细细研读，知道宋儒解释这"格物"二字，是推求各种事物原理的意思，并且说："众物必有表、里、精、粗，连一草一木，都涵着至理。"他见衙署中种着许多竹子，便去推求竹子的原理。哪知沉思默想了多时，依旧不得其理，反把病都想出来了，叹口气道："这圣贤怕没有我的份数了！"才把这个念头拨开了去，专心辞章之学。

二十一岁，阳明中过壬子科浙江举人。明年春天，到京会试，竟至落第，亲朋都求劝慰，独有宰相李西涯戏道："你今天不第，来科必中状元。"便命试作《来科状元赋》。阳明提笔立成，许多老辈，都叹为天才！退后，有位忌才的说："此人取得上第，眼中还有我辈么？"等到弘治九年丙辰，再去会试，果然被忌者暗中摒斥。有个同舍的为着不得登科，羞愤异常。阳明劝道："世人多以不得登第为耻，我反以不得登第，就动了自己的名心算大耻。"当时识者闻得此言，很为叹服！自此阳明依旧南归，和一班名士，结社龙泉山中，对弈、联诗、饮酒、取乐。

七、学习兵法

弘治十年（1497），阳明二十六岁

那年阳明仍到京师，听得蒙古酋长，常常入寇大同一带，边报甚急，国家承平日久，文不知兵，武不敢死，朝廷要推举将才，大家面面相觑。阳明看着，暗想国家虽然按年开设武科，不过造成些骑射、搏击之士，哪里会造成有韬略会统驭的将才？因此留意兵法，凡兵家秘书，无不遍览，每遇宾朋宴会，常聚着果核，排列阵势，讲说为乐。

阳明那时年少气盛，在京住过一年，觉得文不能通大道，武不能立功异域，到处访求名师、益友，又一个不遇，心中着实惶惑。一天，读朱熹《上宋光宗疏》，中间说："居敬持志，为读书之本；循序致精，为读书之法。"因大悔从前研究学问，虽然广博，却并未能够循序致精，自然没有所得。就依着这循序致精的法则去读书，心中觉得有些意思，但是物理和自己的心，终不能会通起来，如此又沉思默想了多时，旧病重发，益觉为圣、为贤，自有定分。有时听得道士谈到养生之术，遂起了个遗世入山的意念。

八、进士及第

弘治十二年（1499），阳明二十八岁

　　阳明学得一身学问，南北奔走，深郁几年，虽然不因下第动心，却又不能不借科举做进身之路，好替国家尽些责任。己未春天，且去会试，才举南宫第二人，赐二甲进士出身第七人，观政工部。和太原乔宇，广信汪俊，河南李梦阳、何景明，姑苏顾璘、徐祯卿，山东边贡一班名宿，以才名相争，驰骋诗古文辞之学。不觉春去秋来，奉了钦命，差往河间，督造威宁伯王越坟墓。阳明驾驭工役，用什伍之法，和带兵一般，休息、饮食，都规定时刻；有时停工，就会集工人，教演八阵图，试验他胸中的韬略。待到工程完毕，威宁伯府里，着实看重，拿金帛相谢，阳明一些不受。威宁伯府里没法，便取威宁伯生时所佩的一把宝剑相赠，阳明才受了，回京复命。

　　中国从前很信天数，凡遇着天、地、日、月、星辰，起了个不常见的变化，朝廷之上，不是进退大臣，就是下诏求言。那年恰巧有彗星出现天空，弘治皇帝也虚行故事，下诏求言。偏那鞑靼族人，在这个当儿，领兵入寇。阳明天性爱国，读了诏书，以为皇上真要图治，就草拟《边务八事》，说得非常切实紧要，拜本奏上，究竟哪里采用？还不是搁到档案里去么。

九、九华求道

弘治十四年（1501），阳明三十岁

　　阳明在上年，已授为刑部主事。到此，奉旨差往江北淮甸一带，审录各县罪犯。阳明生性清廉，遇事明断，往往轻囚被他察出实情，就加等治罪；也有重犯被他审出冤枉，就减等发落。各县审录完毕，乘便去游览那九华风景，登高作赋，发泄胸中一番抱负，在山中无相、化成等名刹，随意游息。那时九华山中，有位道士叫做蔡蓬头，善谈仙术。阳明为着先圣先贤的哲理，不易透彻，因此很信那套养生之术，便恭恭敬敬地把蔡蓬头请来，直到后堂，待以上宾之礼，叩求指引学仙之术。蔡蓬头回答两个字说："尚未。"二人坐了好久，各不言语。阳明因屏退左右，引导蔡蓬头到后亭，再拜请问，蔡蓬头依旧回说"尚未"两个字。阳明接连又问了几遍，蔡蓬头道："看你从后堂，到后亭，礼貌虽然隆重，终忘不掉官相！"说罢，哈哈大笑，迈步而去。

　　阳明受了蔡蓬头一番冷落，那求道的心念，依旧热烈。又打听得九华山地藏洞有个异人，终年坐卧松毛，不吃烟火食。欣然往访，历尽山岩险石，果然有个地藏洞，入得洞内，见一异人闭目熟睡，阳明不敢造次惊动，坐在一旁；半晌，拿手去抚摩他的脚胫，又半晌，忽见异人醒来，睁目骇道："如此险地！怎样得到？"阳明备道来意，即便谈论起来，渐渐说到那最上乘的话。异人道："北宋周濂溪、程明道，是儒家两个好秀才。"阳明会意辞出。过了几日，再去寻访，那异人已经他去，遂有"会心人远"之叹！

十、筑室阳明洞

弘治十五年（1502），阳明三十一岁

　　阳明在三十岁以前，以为孔子、孟子的哲学，不容易学到，连宋朝一班大儒的理学，也不容易精通；又受着朝臣的压制，不能进握政权，替国家外安异族、内靖盗贼，所以除掉和一班知名之士，讲究文学以外，便留心仙术，兼求佛学。到了三十一岁那年的五月，回京复命，依旧如此。日里清理案牍，夜间挑灯读书，把五经以及先秦两汉各种书籍，刻苦讨究，文字日见精工。父亲王华闻知，严禁。家人不许在书室安放灯火，阳明便候父亲熟睡，再去燃灯诵读，每到深夜，才去休息。

　　一天，阳明忽然叹道："我王某怎样可以把这有限的精神，去做那无用的虚文呢？"此时阳明本来有虚弱咳嗽之病，遂奏请归养。回到越城，筑室阳明洞中，一心学习道家"导引"之术。日久，竟有先知之明。一天，正在洞中静坐，忽觉好友王思舆等四人来访，已到五云门。即命仆人前往迎接，说明某某等五人，从哪一条路走来，仆人依言迎去，果然接到。当把主人的话一一说明，王思舆等大为惊异！都说阳明已经得道了。阳明虽然也明白这种道术，不过播弄精神，并非圣贤大道。但久坐洞中，过那清虚寂静的生活，益发起了个离世远去的心念。待要侧身逃入深山，却又忘不掉家中祖母和父亲，如此千回百转，决定不得，后来忽然大悟道："这爱亲的念头，从小生成，这个念头，可以去得，不是断灭种性了么？"

明年，阳明三十二岁，决意离开洞中，到杭州西湖养病，日渐健旺，依旧想出山用世。时常往来南屏、虎跑等名刹，见一和尚，坐关三年，口不说话，眼不观看。阳明走近前去，高声喝道："这和尚终日口巴巴说甚么？终日眼睁睁看甚么？"和尚闻声惊起，便举目凝看，开口说话。阳明问道："你有家么？"和尚道："家里老母还在。"阳明又问道："你还起念想到老母么？"和尚说："不能不起念。"阳明便将爱亲原来是我们人类本性的话，与和尚讲说一番。和尚感动天性，涕泣道谢。阳明再去，那和尚已出山去了。

十一、始授徒讲学

弘治十八年（1505），阳明三十四岁

 弘治十七年，阳明三十三岁，仍到京师。巡按山东监察御史陆偁，特聘他做山东乡试考官。那一科取出的举人，后来都称重海内。考试完毕回京，改授兵部主事。自此阳明的学问，渐渐归向"理学"一路，把那学仙，学佛，学古诗、文辞的念头，一一拨开；目睹当时学者，大家溺于词章记诵，不知道从根本上去研究心身之学！还有一层，阳明在当时不敢公然说的，就是大家会做了八股文，便可致身青云，是他心理上最反对的。所以他在山东考试，叫士子对策，和学者说：这道"溺于词章记诵"。如此一想，阳明的主张，显而易见了。因此在京里首先提倡，到处讲说，有些头脑清楚的听者，渐渐兴起，情愿投拜门下，恭执弟子之礼，阳明就索性授徒讲学。那时，师友之道久废，一班固执的士大夫都说，阳明立异好名。只有一位湛甘泉先生，名叫若水，广东增城人，原是白沙先生陈献章的高徒，讲究"主静"之学，正在翰林院里。阳明和他一见，大家志同道合，竟成知交，共约担任倡明圣贤哲理的责任！

十二、忤旨下狱

武宗正德元年（1506），阳明三十五岁

　　明朝自从正德皇帝入承大位，宠用太监马永成、谷大用、张永、罗祥、魏彬、邱聚、刘瑾、高凤等八人，个个命他执掌宫中大权。那班太监，费尽心思，造作许多巧伪的事，去引诱正德。从此正德日夜在宫中，不是击球、走马，便是放鹰、逐狗，荒荡淫乐，无所不为，把国家大事，尽行交付太监去办。其中刘瑾掌的是司礼监，权力最大，无恶不作。一班谏官，交章弹劾，宫中置之不问。大臣刘健、谢迁等也连本伏阙上疏，请诛八人。无奈正德被一班太监围困宫中，与诸大臣不得见。刘健、谢迁等没法，便上章求去，刘瑾趁势矫诏听从；又把其余怀恨诸臣，暗中害死，就此独揽朝纲。给事中刘菈、吕翀，听得刘健、谢迁等一班刚直老臣，免官去位，朝里没有正人，国事益发不堪，连忙抗章请留，正德不听。南京戴铣、薄彦徽等许多科道官，听得正德如此胡为，也星夜连本奏上，说元老不可去位，太监不可任用。刘瑾闻奏，暗暗挑动正德发怒，正德果然下了一道诏书，把戴铣等一律提解到京，廷杖削籍，监禁天牢。那时，阳明正在兵部，目睹老臣去国，直士受困，怎好畏祸不救，便草草上奏，请复戴铣等原官，照旧供职。刘瑾大怒，立刻矫诏拿问，廷杖四十。阳明随时气绝，停了好久，才渐渐醒来，又传旨押到锦衣狱中，从严监禁。

　　阳明押到狱中，正值隆冬天气，北京地方已是非炉不暖，那狱中墙高檐接，日月无光，格外阴寒，平日劳苦多病，又新带一身杖疤，肉体上的苦痛，是不必说。若论精神方面，自己满腔忠直，反被小人羞辱，不但丧尽体面，从此群小用事，大明天下，哪堪设想。照此说来，阳明落到这种境地，内忧外伤，一时齐奏，是万无生理的了。谁知阳明到得狱中，起初虽然不能安眠，究竟养心功深，自有主宰，天天对着一部《易经》，研究我们中国最古的哲学；有时看看那牢狱的建筑，想想那阳明洞的风月，以及屋罅里的月光，墙壁里的大鼠，都收做诗料，在这幽室之中，歌咏度日。

十三、佯狂避祸

正德二年（1507），阳明三十六岁

阳明囚禁狱中，不觉冬尽春回，外边气候虽然大变，监里却是无冬无夏。他依旧玩易咏诗，一班同志常来探望，阳明和他们讲道论学，丝毫没有那种忧愁悲苦的罪犯样儿。一天，有诏书下来，把阳明贬谪到贵州省修文县龙场地方，去做个小小驿丞。

阳明当日奉旨出得监来，领了文书，带些银两，准备出京，友人都来送行，赋诗赠答，极为缱绻。看他诗中的意思，虽免不了离别家国，远投蛮荒的苦趣，独有提倡中国古代圣贤哲理一层，心肠热烈，一刻不忘，所以向同道的一再嘱托。出得京城，一路南行。太监刘瑾，知道阳明是当代数一数二的一个名士，性情又公正不屈，而且世代簪缨，广有交游，将来万一得势，那还了得。看他廷杖不死，监禁又不死，怕他贬到边方，或者也不至于死，便打定主意，密派几名心腹刺客，随后追跟，就便行事，结果了性命，好断绝后患！偏遇阳明，聪明绝世，知道刘瑾惯用这等暗杀手段，当年司礼中官王岳，刚直嫉邪，恼动刘瑾，发充南京净水军，派人半路追杀，便是个前车之鉴，暗想我这番南去，他如何肯轻易放过。因此一路之上，小心提防，那班刺客，一来不得其便，二来知道阳明武艺了得，怎敢造次动手。

如此一面南进，一面追跟，行到浙江钱塘江边，在常人心里，必定以为已到家乡稳可无事，尽好放心行宿。偏偏阳明的识见，高出常人，料定必有人追他，又料定我越近家乡，那追我的人，心里越是发急，旱道之上，可以曲折躲避，到此江岸，是有一定渡口，倘若错过这最后机会，待我渡过江去，益发不易行事，奉命而来，怎好空手而回？非舍命追寻、出手硬做不可。想到这里，阳明益觉危险，便站在江岸，四野里看个仔细，不见一人，急把衣冠除下，随手取出纸笔，胡乱写了一首投江自尽的绝命诗，和衣冠一起，安放江岸，急忙从斜刺里钻入路草丛中，蛇行而遁。不一刻，那班刺客，果然追到，狂奔大索，不见阳明踪迹，大家慌做一团。有个眼快的，瞧见江岸一堆衣冠，认得是阳明之物，并且有诗为证。这班粗鲁的人，哪里会透进一层着想。大家确信阳明投江自尽，没有疑义，便收拾衣冠、诗稿，回京复命去了。

阳明在芦苇中钻行一程，恰巧一只商船，从江上驶将下来，乃高声喊住，搭上商船。起初，监禁狱中，只指望赦归田里，安居阳明洞中，躬耕养亲，苟全性命；及今奉诏谪赴龙场，自想这等荒烟蛮瘴的边方，去了必无生理，决计抱定出世主义，浪游名山，寻访异人。当日那船乘风破浪地出了钱塘江口，在大海中驶行一程，停泊舟山群岛，阳明上去盘桓一番。回船再行，忽然飓风大作，那船随风飘动，做不得主，如此一天一夜，船才近岸。上去问时，已是福建地方，阳明舍去热闹城市，径向武夷山中走来，行了几十里路程，天色已晚，见山中有座寺院，上前叩问求宿。寺里和尚，开门看时，见他背囊沉重，料定有些银两，暗想临近有座野庙，是个老虎窝儿，我不留他，别无去处，定到野庙投宿，落了虎口，那背囊里的银两，是我稳得的了！想罢，竟闭门不纳。阳明没法，翻身便走，果然着了那和尚的道儿！阳明寻到野庙，困乏已极，便倚着香案，沉沉睡去，刚到夜半，忽闻廊下大吼一声，山鸣谷应，林木簌簌作响！阳明张目看时，廊下一只斑毛大虎，绕着回廊，只是发吼，却不进来。阳明暗想，我阳明子历尽艰险，那生死问题，看得稀松，你要吃便吃，大命所在，决难勉强，依旧闭目静睡。

次早，那和尚欣然走来，准备来取这笔意外之财，踏进庙门，往里一张，那昨夜投宿之人，倚着香案，安然熟睡，不觉大吃一惊！上前唤醒，叹口气道："公真非常人哪！要不是那样，入了虎穴，哪里便会没事呢！"说罢，叩问姓名。阳明说出来历，和尚惊叹不止，遂请到寺中，竭诚款待，并引入内室，见一异人。礼毕，异人抽出一诗。阳明看时，中有两句道："二十年前曾见君，今来消息我先闻！"读到这里，顿时回想到当年江西铁柱观所遇道士，恍然大悟。便与异人道："目下朝廷阉官当国，正人君子，个个遁世，我也决意匿迹深山，不愿奉诏了。"异人正色道："这样做去，必有大祸。你父亲在南京做礼部尚书时，也曾得罪刘瑾，弄到免官归去；加上你在京里那番举动，一门怨毒，深到极处。路上假托投江，瞒得刘瑾的刺客，恐未必瞒得刘瑾；也许刘瑾确信你投江，却信不得你必死，便捉拿你父亲，诬他个纵子远遁，抗违圣旨的罪状，便怎样应付？此祸还小，你名重朝野，如果从此匿迹，也许有那不逞之徒，假托你的名儿，出来鼓动人心号召。党羽干起叛逆的举动，那时朝廷寻究汝家，不到灭门赤族，怎肯罢休？所以今日的事，为祸为福，全在你这一出一入哩。"阳明听罢，深然异人之言，决定回越省亲，然后到驿，便提起笔来，高咏一律，题在壁上道：

肩舆飞度万峰云，回首沧波月下闻。

海上真为沧水使，山中又拜武夷君。

溪流九曲初谙路，精舍千年始及门。

归去高堂慰垂白，细探更拟在春分。

阳明当日别了异人，从武夷山而回。十二月里，才拜别亲友，收拾起行，直向贵州进发，一路之上，遍游名胜，饱看山水，遇着学者前来请益，随地讲说圣学。无奈那时士林中积习已深，一班学者，大都慕着阳明的大名，借着问学做进见之路，听些话头，出来装个幌子，实在真心感发的，百无一二。只有他的妹婿徐爱，闻道兴起，所以后来很深明阳明学说。

武夷山拜见异人一回事，照阳明门人钱德洪所著《年谱》演述。倘使拿湛甘泉所撰的《阳明先生墓志铭》细细一看，就知道这些怪异的事，完全为避世之计，凭空虚造。

湛甘泉《阳明先生墓志铭》中有一段道：

人或告曰：阳明公至浙，沉于江矣，至福建始起矣。登鼓山之诗曰"海上真为沧水使，山中又拜武夷君"，有征矣。甘泉子闻之，笑曰："此佯狂避世也。"故为之作诗，有云："佯狂欲浮海，说梦痴人前。"及后数年，会于滁，乃吐实。彼夸虚执有以为神奇者，乌足以知公志哉！

甘泉子和阳明子的交情极深，自然见得到阳明的用意；阳明处世，虽然很有用权的地方，断不肯欺骗道义之友，所以拿实情相告；甘泉子又极不愿世人相信阳明有这些虚伪神怪之事，所以特地替他表明。这是我们应该注意的。

十四、谪居龙场

正德三年（1508），阳明三十七岁

　　阳明在路，辛苦数月，到得贵州，自处逐臣地位，所有上司，一概不敢拜见，径去寻访龙场地方。那龙场在贵州西北万山之中，满地荆棘，是个蛇虺、魍魉、蛊毒、瘴疠的世界，山谷洞溪里面住的都是苗民，面上雕着花，言语和鸟鸣一般，身披兽皮，俗重鬼巫。间或有些中土人氏，却多是亡命之徒。莫说那衣冠、宫室、文仪、揖让，种种文化，一点没有，连草屋都不见一所，依旧像个洪荒世界、太古时代。那刘瑾断送阳明到此死地，料他万无生还的了。

　　从前汉官看待苗民，常把他当做野兽，因此苗、汉两族，意见很深，有时苗民反抗，汉官就带兵入去，不知抚化，一味放火收捕，肆行杀伤，所以苗民一见汉官，如同仇敌；新官到任，更大家到蛊神面前，虔诚占卜，兆象不好，便放出蛊来，害他性命。当日阳明到得龙场，苗民闻信，又去叩问蛊神，亏得阳明侥幸，蛊神不协，苗民才慢慢走来亲附。苗民见阳明带着仆从、行李，休息在草树之中，还没有安身所在，便到山的东峰，找个石洞，请阳明安顿在内，老的、少的，常常闲着走来玩耍，见阳明待他们和爱温恭，个个欢喜。阳明本来是个研究"心学"的大家，就趁此观察苗民的性情，知他们同是人类，同具至性，而且那种质朴诚实的态度，断不是机械变诈的文明人类能够学到！因此住在蛮乡，反较京华快活起来，便兴了个开发文化的念头。

石洞里面，阴湿异常，阳明居住不得，遂亲自率同苗民，寻些黏土，教他们做成土坯，烧窑制砖，伐木架屋，造成一所房子，外面种些松竹卉药，里面分起堂阶奥室，把带来的琴编图史，陈列得整整齐齐，起个名儿叫做"何陋轩"。这一来，不但苗民看得有趣，连远方的学者也都走来瞻仰。后来苗民欢喜，益发逐渐兴工，在附近建筑了许多屋宇，叫什么"君子亭"啦，"宾阳堂"啦，"玩易窝"啦，阳明一一详记其事。龙场地方，得有文化，自此为始。

　　那时刘瑾在京，看见贵州长官，奏阳明已经到驿，心中恨恨不已。阳明也料定他放心不下，自思得失荣辱，都能超脱，只有生死一念，还觉不能化除。就寻块大石，琢成石椁，发誓道："吾惟俟命而已。"日夜端坐，澄心默想，深究"静一"功夫。如此好久，觉得胸中快活自然。随身三个仆从，哪里有主人的功夫，辛苦数月，到此蛮荒，风土不合，个个卧病不起。阳明亲自斩柴、取水、煮粥、烧汤，服侍仆从；又怕他们胸中忧闷不快，便在旁唱歌、咏诗，无奈他们懂不得诗歌，依然不悦；就改唱浙江的小调、杂曲，说些古今笑话，逗他们欢乐忘忧，果然疾病渐去，忧思念消。阳明因此叹道：这等境地，叫圣人处此，也就没得说了！

　　阳明在这难患之中，依旧静默思道，一心要参透那大学上"格物"之说，不但日里思索，连睡梦中都在那里着想。一天，睡到半夜，忽然大呼大跳起来，把左右仆从，一齐惊醒。原来阳明经过好骑射、好任侠、好辞章、好神仙、好佛氏等变迁，到此居夷处困，胸中完全大中至正，才能够把这"格物"之说，悟个彻底，当下心中恍然道：

　　是了！是了！圣人之道，从我们自己的心中求去，完全满足。从前枝枝节节的去推求事物的原理，真是大误，哪知"格"

就是"正"的意思，正其不正，便归于正心以外没有"物"，心上发一念孝亲便是"物"。浅近说来：人能"为善去恶"，就是"格物功夫"；"物格"，而后"致知"，"知"是心的本体，心自然会"知"。见父知孝，见兄知弟，见孺子入井，自然知恻隐，这便是"良知"，不假外求。倘若"良知"勃发，更没有私意障碍，就可以充足他的恻隐之心，恻隐之心充足到极点，就是"仁"了。在常人不能够每有私意障碍，所以要用"致知格物"一段功夫，去胜私复"理"。到心的"良知"没有障碍，能够充塞流行，便是"致知"。"致知"就"意诚"了。把心这样推上去，可以直到"治国""平天下"。

阳明想到这里，胸中爽快异常，乐得在睡梦中大跳大呼起来。随即又把五经里各种学说，一一会合证明，处处贯通。阳明的哲学根据，从此立定；以后对着学者讲，只发挥"致良知"三个字。他说："我们成天到晚把这'致良知'三个字，常常念着，所作所为，就没有不从良知上发现的了。"

驿丞官小俸微，龙场地方，又感贫苦；苗民虽然爱戴，却没有余力能够前来供养。所以阳明居此，弄得时时绝粮断炊，他自己打着个"君子固穷"的主义，自然不动声色；那些仆从，挨饿不过，就形状难堪了。阳明没法，出去画块山中平坦地土，觉得肥厚可种，办些农具，亲率仆从，打算耕种度日。无奈一片荆棘，没法下手，他也学着苗民，在山原上放起火来，烧成一片焦土，然后翻土下种，这叫做"火耕"，一来那蓁莽荆棘、毒蛇害虫，省得斩伐驱除；二来还可借它的灰烬，充做肥料。当日仿习起来，果然稌稷丰登，蔬蔌甘美，不但主仆们饱食有余，还可借此提倡农政。

阳明在龙场开辟荒秽，大启文明，声名一天大似一天，四方有志之士，多有不辞劳苦，远来请益的。那日，正和许多苗民闲话，忽报思州太守差人来驿，阳明命他进见。那班差人竟大模大样踱进里面，把阳明全不放在眼里。苗民见着，已觉不悦。差人进来回话，骄慢不堪，竟当堂把阳明羞辱起来。苗民一听，比羞辱自已还觉难受，恼动性子，发一声喊，围住思州公差，打个结实。那公差舍命奔窜而回，禀明太守，说阳明率同苗民，有意侮辱本府。太守听罢，拍案大怒，立刻面禀副宪毛应奎，定要严治阳明侮辱公差之罪。亏得毛副宪心重贤士，当下竭力劝解，一面命太守回府，一面派人到龙场晓谕祸福，令阳明亲到太守府谢罪。这样的和事佬，也就不易相遇了。谁知阳明主见，全重在气节，立刻提起笔来，修书一封，回复毛公道：

　　昨承遣人喻以祸福利害，且令勉赴太府请谢，此非道谊深情，决不至此，感激之至，言无可容。但差人至龙场凌侮，此自差人挟势擅威，非太府使之也。龙场诸夷与之争斗，此自诸夷愤恨不平，亦非某使之也。然则太府固未尝辱某，某亦未尝傲太府，何所得罪而遽请谢乎？跪拜之礼，亦小官常分，不足以为辱，然亦不当无故而行之。不当行而行，与当行而不行，其为取辱一也。废逐小臣，所守以待死者，忠信礼义而已，又弃此而不守，祸莫大焉。凡祸福利害之说，某亦尝讲之。君子以忠信为利，礼义为福。苟忠信礼义之不存，虽禄之万钟，爵以王侯之贵，君子犹谓之祸与害；如其忠信礼义之所在，虽剖心碎首，君子利而行之，自以为福也，况于流离窜逐之微乎？某之居此，盖瘴疠蛊毒之与处，魑魅魍魉之与游，日有三死焉；然而居之泰然，未尝以动其中者，诚知生死之有命，不以一朝之患，而忘其终身之忧也。太府苟欲加害，而在我诚有以取之，则不可谓无憾；使吾无有以取之而横罹焉，则亦瘴疠而已尔，蛊毒而已尔，魑魅魍魉而已尔，吾岂以是动吾心哉？执事之谕，虽有所不敢承，然因是而益知所以自励，不敢苟有所隳堕，则某也受教多矣，敢不顿首以谢。

　　毛公得书，阅毕，即付与思州太守观看。太守读罢，顿时惭服。宣慰使安公，深慕阳明为人，特差人前来，供给使用，馈送来米、肉，一连又送金帛、鞍马过来。阳明只受了两石米和些柴炭鸡鹅，其余一概璧还。后来安宣慰为着"减驿"以及"酋长阿贾、阿扎叛乱宋氏"诸事，阳明一一替他说明利害，才得保安眼前，提防后患，这也是安宣慰能够结交正人的好处。

十五、初讲"知行合一"

正德四年（1509），阳明三十八岁

阳明自从彻悟《大学》"致知格物"之说，到此便下一句直捷痛快的话，去教人实践，就是"知行合一"四个字。他常对学者说：

知者行之始，行者知之成，圣学只一个功夫，知行不可分作两事。

后来和徐爱的问答，说得最为明白，录在下面：

徐爱因未会先生"知行合一"之训，决于先生。先生曰："试举看。"爱曰："如今人已知父当孝、兄当弟矣，乃不能孝弟，'知'与'行'分明是两回事？"先生曰："此被私欲隔断了，非本体也。圣贤教人'知行'，正是要人'复本体'。故《大学》指出'知行'以示人，曰：'如好好色，如恶恶臭。'夫见好色属'知'，好好色属'行'，只见色时已是好矣，非见后而始立心去好也；闻恶臭属'知'，恶恶臭属'行'，只闻臭时已是恶矣，非闻后而始立心去恶也。又如称某人知孝，某人知弟，必其人已曾行孝、行弟，方可称他知孝、知弟，此便是'知行'之本体。"爱曰："古人分'知''行'为二，恐是要人用功有分晓否？"先生曰："此正失却古人宗旨。某尝说：'知是行之主意，行实知之功夫；知是行之始，行实知之成'，已可理会矣。古人立言，所以分'知''行'为二者，缘世间有一种人，懵懵然任意去做，全不解思维省察，是之为冥行妄作，所以必说'知'而后'行'无谬；又有一种人，茫茫然悬空去思索，全不肯着实躬行，是之为揣摸影响，所以必说'行'而后'知'始真，此是古人不得已之教。若见得时，一言足矣。今人却以为必先'知'，然后能'行'，且讲习讨论以求'知'，俟'知'得真时，方去行，故遂终身不行，亦遂终身不知，某今说'知行合一'，使学者自求本体，庶无支离决裂之病。"

　　一天，贵州提督学政席元山，亲到龙场，拜见阳明，请问朱陆异同之辨。阳明却不和他说朱陆之学，只告诉自己所悟的"致知格物"之说，席公怀疑而去。明日，席公又来，阳明举出上面所讲的知行本体，并且拿五经诸子各种学说，一一证明。席公渐渐有些省悟。如此来往请问了三四次，席公恍然大悟，叹道："圣人之学，重见今日，那朱陆同异，无需辩说，我们只要从自己的性中去求，明明白白了。"便约着副宪毛应奎，修葺贵阳书院，亲率贵阳诸生，恭执弟子之礼，拜阳明为师。自此阳明常到书院讲学，不但兴起贵州士风，连苗民都大受开化。

十六、升治庐陵

正德五年（1510），阳明三十九岁

那年春天，阳明升授江西吉安府庐陵县知县。临行之时，贵州许多学者，和龙场的苗民，自有一番依恋，不必细表。一路北行，经过湖南常德、辰州，门人冀元亨、蒋信、刘观时等，都来拜见，谈到孔子哲学，个个大有成就，阳明大喜。因住在寺院里，再教他们"静坐"，使自悟性体。后来又寄书说明这"静坐"："并非要坐禅入定，因为我们终日被事物纷拏，到得暇时，静坐一会，把放心收拢起来，心身上才有进步。"那冀元亨是阳明门下一位研究很深、气节很著的学者，一生学问，就在此番得力不少。

阳明一路游览，一路讲学，直到三月里，才入庐陵，接印任事。说到这里，要请读者注意：阳明自此以后，凡治民政、治军政，以及一言一动，没有不根据他的"良知哲学"的。也可以说：阳明从三十九岁以后的事功，都是这"良知哲学"演成的，却不要把他的事功和学术，看做两事。"知行合一"，阳明是躬行实践的。

湛甘泉说：阳明在庐陵，卧治六月，百务具理。其实阳明在庐陵任上，哪里偷闲一天。不过他的治民政策，专意开导人心，不像他人那种妄肆刑威，外面闹得落花流水，好像勤于政事，里面反扰乱民情，滋生事端。看他一到任所，先把里役一个个分头传来，详细盘问，把乡里人户，谁富谁贫、谁奸谁良，考察得清清楚楚。众百姓前来告状，把状子一齐收好，不即开庭审理，先查考明朝旧制，慎选里正三老，大家围坐申明亭上，传齐投告民众，分付各乡里正三老，各自委曲劝论，个个悔悟息讼，多有涕泣而归的，从此监犯日空；又时时张贴告示，劝慰父老，叫他们督教子弟，不许游荡邪放；户口繁盛地方，举办"火政"，保护安宁，立起保甲，杜绝盗贼，真把个庐陵县治得家家安乐，人人歌功。

那年八月，太监刘瑾，暗中谋反。大臣杨一清撺掇太监张永，面奏正德。正德大怒，诛戮刘瑾，抄没家财，有诏下来，命阳明入京觐见。十一月里，阳明到京，寓居大兴隆寺。后军都督府都事黄绾，慕名请见，和阳明谈起孔孟之学。阳明喜道："孔孟之学，断绝已久，你从哪里闻来？"黄绾道："虽然粗有志愿，实未用功。"阳明道："为人最怕是没有志向，不怕不能成功。"从此黄绾钦仰阳明，也执贽拜入门下，到了十二月，阳明升授南京刑部主事，曾和黄绾、应良等，论实践功夫，中有几句精意道：

圣人之心如明镜，纤翳自无所容，自不消磨刮。若常人之心，如斑垢驳蚀之镜，须痛刮磨一番，尽去驳蚀，然后纤尘即见，才拂便去，亦不消费力。到此已是识得仁体矣。若驳蚀未去，其间固自有一点明处，尘埃之落，固亦见得，才拂便去。至于堆积于驳蚀之上，终弗之能见也。此学利困勉之所由异，幸勿以为难而疑之也。凡人情好易而恶难，其间亦自有私意习气缠蔽，在识破后，自然不见其难矣。古之人至有出万死而乐为之者，亦见得耳。向时未见得里面意思，此功夫日无可讲处。今已见此一层，却恐好易恶难，便流入禅释去也。

十七、论朱陆异同

正德六年（1511），阳明四十岁

阳明从上年十二月升授南京刑部主事，到今年正月，改调吏部主事，留居北京。他一身拿治学问做第一件大事，而且他的治学态度，和当时学者不同，因为自己能够特具一种见识，无论哪一家学说，定要拿出自己的真识见研究，断不肯偏信一家，也不肯对于当时人所崇奉的学说，绝对不怀疑。所以能够卓然独立，自成一家。

中国当南宋时代，有两位大儒，并生南方，一个叫做朱熹，一个叫做陆九渊。朱子主张"道问学"，陆子主张"尊德性"；朱子主"敬"，陆子主"静"。两家门弟子，不把师门精义，切实发挥，竟各分门户，纷纷是朱非陆、是陆非朱，闹个不休，到得今日，还听见这种论调，徒费笔舌，毫无实益。在阳明时代，世人多有说他袒护陆子，其实阳明还是本自己的真识见去采用两家精华，成就自己学说，并没有什么偏袒。不过当时学者，偏信朱子已久，似乎不好提到陆子，倘若偶尔提及，就要说他是陆子的信徒，这都是学者先存主观，遂犯这个病根。

那时有个王与庵，读了陆子的书，心中颇觉契合；还有一位徐成之，是专信朱子学说的。两下因此辩论起来，不得解决，徐成之便写信请问阳明，阳明复他一封信道：

……是朱非陆，天下之论定久矣，久则难变也。虽微吾兄之争，与庵亦岂能遽行其说乎？……今二兄之论，乃若出于求胜者，求胜则是动于气也。动于气，则于义理之正，何啻千里，而又何是非之论乎？……昔者子思之论学，盖不下千百言，而括之以"尊德性而道问学"之一语。即如二兄之辩，一以"尊德性"为主，一以"道问学"为事，则是二者固皆未免于一偏，而是非之论，尚未有所定也，乌得各持一是，而遽以相非为乎？……夫论学而务以求胜，岂所谓"尊德性"乎？岂所谓"道问学"乎？……姑务养心息辩，毋遽。

细看信中，实含有两种意思：第一种，教治学问的，先要涵养自己德性，断不可弃实务名，去纷纷议论古人学说的是非；第二种，是说朱陆各有精华，学者应当采取精华，去成就自己学问。倘哪一家学说里确有短处，他自然会淘汰，学者反去提出，便觉多事。当下徐成之读了阳明复信，倒说阳明漫为含糊两解，好像暗中帮助王与庵似的，便再写信去责问阳明。阳明又复他一信道：

……仆尝以为君子论事，当先去其"有我"之私。一动于"有我"，则此心已陷于邪僻，虽所论尽合于理，既已亡其本矣。……

与庵是象山，而谓其专以"尊德性"为主。今观《象山文集》所载，未尝不教其徒"读书穷理"，而自谓理会文字，颇与人异者，则其意实欲体之于身。其亟所称述以诲人者，曰"居处恭，执事敬，与人忠"，曰"克己复礼"，曰"万物皆备于我，反身而诚，乐莫大焉"，曰"学问之道无他，求其放心而已"，曰"先立乎其大者，而小者不能夺"。是数言者，孔子、孟轲之言也，乌在其为空虚者哉？独其"易简""觉悟"之说，颇为当时所疑。然"易简"之说，出于《系辞》；"觉悟"之说，虽有同于释氏，然释氏之说，亦自有同于吾儒而不害其为异者，惟在于几微毫忽之间而已。亦何必讳于其同，而遂不敢以言；狃于其异，而遂不以察之乎？是与庵之是象山，固犹未尽其所以是也。

吾兄是晦庵，而谓其专以"道问学"为事。然晦庵之言曰"居敬穷理"，曰"非存心无以致知"，曰"君子之心，常存敬畏，虽不见闻，亦不敢忽，所以存天理之本然，而不使离于须臾之顷也"。是其为言，虽未尽莹，亦何尝不以"尊德性"为事，而又乌在其为支离乎？独其平日汲汲于训解，虽韩文、楚辞、阴符、参同之属，亦必于之注释考辩，而论者遂疑玩物。又其心虑恐学者之躐等，而或失之于妄作，必先之以"格致"而无不明，然后有以实之于诚正而无所谬。世之学者，挂一漏万，求之愈烦，而失之愈远，至有弊力终身，苦其难而卒无所入，而遂议其支离，不知此乃后世学者之弊，而当时晦庵之自为，则亦岂至是乎？是吾兄之是晦庵，固犹未尽所以是也。

夫二兄之所信而是者，既未尽其所以是，则其所疑而非者，亦岂必尽其所以非乎？……夫君子之论学，要在得之于心，众皆以为是，苟求之于心而为会焉，未敢以为是也；众皆以为非，苟求之于心而有契焉，未敢以为非也。心也者，吾所得之于天之理也，无间于天人，无分于古今，苟尽吾心以求焉，则不中不远矣。学也者，求以尽吾心者也，也是故"尊德性而道问学"，尊者，尊此者也；学者，学此者也。不得于心，而惟外信于人以为学，乌在其为学也已？……

夫学术者，今古圣贤之学术，天下之所公共，非吾三人所私有也。天下之学术，当为天下公言之，而独为与庵也哉！……

看他第二封信，不但第一封信里的两种意思，表得明明白白；不但徐王二人没有探索到朱陆根源，徒为意气之争，益发可以证明阳明治学的态度。这种治学的态度，在中国从前的学者里面，很少很少，在今日一班学者，大可取法。他以学术为公，只知道求之于心，不问他朱子陆子，连当时学者所讳言的佛学，也倡言吸收，门户之见、教派之分，一律打破。在这专制时代，又范围在这朱子势力圈内，又处这士习顽固的环境，他公然发表这种言论，晴天霹雳！胆子多么大啊！

那年二月，阳明做会试同考官。吏部郎中方献夫，位在阳明之上，听得阳明论学，深自感诲，遂执贽投拜门下。又在京师和湛若水、黄绾三人，订终身之盟。三人办公余暇，必会在一起，讲论圣贤哲学。

十八、与徐爱论学

正德七年（1512），阳明四十一岁

　　三月，阳明升做考功郎中；十二月，又升授南京大仆寺少卿。海内学者，都闻风兴起，同来投拜门下，有穆孔晖、顾应祥、郑一初、方献科、王道、梁毂、万潮、陈鼎、唐鹏、路迎、孙瑚、魏廷霖、萧鸣凤、林达、陈洸、应良、朱节、蔡宗兖、徐爱一班。阳明出京时候，却巧徐爱也以祁州考满进京，升授南京工部员外郎，便与阳明同舟南下，便道归省。一路之上，徐爱请问《大学》"在亲民""知止而后有定"和阳明所讲"至善只求诸心"许多问题。阳明一一和他解释，徐爱听得踊跃痛快，如狂如醉。这几条问答，都载在《传习录》卷首。所以后来徐爱说："先生之学，为孔门嫡传，舍此皆傍溪小径，断港绝河了。"

十九、遨游山水

正德八年（1513），阳明四十二岁

阳明治学，有两种得力的境界。第一种是静坐，便在这静中，收起放心，冥思默想，参悟不少；第二种是游历，便在这山水中，开拓胸襟，放大眼光，也启发不少。那年疏请省亲，给假回越，二月到家，便约同徐爱，要出游天台、雁荡，一时被亲戚绊住。到五月终，才从上虞直到四明，游观白水、龙溪、杖锡、雪窦、千丈岩诸名胜，打算从奉化取道赤城，一路游去。却值天久不雨，见那山田，干得憔悴可怜，阳明心中，大为不忍，便从宁波回归余姚。一路之上，讲道论学，不但自己别有感觉，连徐爱等一班从游之士，都大受点化。

到了十月，阳明往安徽滁州，督理马政。事简官闲，滁州地方，又山水佳胜，便日与门人遨游琅琊、瀼泉之间。每到月下，从者数百，环坐龙潭，大家唱歌取乐，声振山谷。门弟子随地请问，阳明随问答解，个个踊跃鼓舞，连一班老师宿儒，都来聚会，从游之众，滁州为始。有个门人叫做孟源的，也学着静坐，哪知才坐下去，各种思虑便纷纷杂集，竭力凝神扼制，无奈此念一去，彼念又来，禁止不得，便来请问。阳明教他"不要把思虑勉强禁制，只就思虑萌动处省察克治"。又有个刘易仲，从湖南辰州，远来滁阳，侍候多时，还没通过来意。一天，候着机会，上去请问阳明道："先生和我说了罢？"阳明答道："哑子吃苦瓜，与你说不得，尔要知我苦，还须尔自吃。"易仲听罢，点头大悟。

二十、警诫学者

正德九年（1514），阳明四十三岁

    阳明在滁七月，升授南京鸿胪寺卿。临行之时，滁州许多门人故友，直送到乌衣渡，还依依不舍。大家留居江浦，候阳明渡江。阳明因赋诗道：

    滁之水，入江流，江潮日复来滁州。

    相思若潮水，往来何时休？

    空相思，亦何益？

    欲慰相思情，不如崇令德。

    掘地见泉水，随处无弗得。

    何必驱驰为，千里远相即？

    君不见，尧羲与舜墙？又不见，孔与跖，对面不相识？

    逆旅主人多殷勤，出门转盼成路人！

    阳明一班门人故友，读了这诗，大家各各回去，努力自修。阳明渡过江来，入了南京，门人徐爱，也在南都，又有黄宗明、薛侃、马明衡、陆澄、季本、许相卿、王激、诸偁、林达、张寰、唐愈贤、饶文璧、刘观时、郑骝、周积、郭庆、栾惠、刘晓、何鳌、陈杰、杨杓、白说、彭一之、朱簠一班门人，同聚师门，朝夜磨砺，一刻不懈。一天，有个客人对阳明道及滁州一班学者，近来多放言论，渐渐违背先生之教。阳明叹道："这几年来，我为着士林风习卑污，才引接他们向高明一路走去，矫正现时弊风，乃知今日学者，渐渐流入空虚上去，好倡脱落新奇的议论，我也知自悔了。"因此阳明在南都论学，只教学者"存天理""去人欲"，做那省察克治的实功。

门人中王嘉秀、萧惠二人，好谈仙佛。阳明警诫二人道："我幼时研究圣学不得，也会去学仙学佛，后困居龙场，得见圣人端绪，大悔错用功二十年。释老之学，他的好处，与圣人只有毫厘之间，所以很不容易辨明。只有笃志圣学的人，才能够究析他的隐微，断不是靠着个人臆测，能够及到的呀！"

二十一、留居京师

正德十年（1515），阳明四十四岁

阳明在这几年中，他的志愿，只想去官南归，在天台、雁荡之间，结个茅庐，一心和学者倡明孔孟哲学。他讲习的主义，越说越简，到此只讲"良知"两字。正月进京，便上疏乞休，朝廷不允；八月上疏乞归养病，又不允。他祖母岑太夫人，年已九十六岁，阳明日夜想回去省亲，无奈朝命难违。所以在六月里，先命他兄弟守文南下，临行之时，阳明握手相送，高声歌道：

尔来我心喜，尔去我心悲！

不为倚门念，吾宁舍尔归。

长途正炎暑，尔行慎兴居。

凉茗勿频啜，节食但无饥。

勿出船旁立，勿登岸上嬉。

收心每澄坐，适意时观书。

申洪①皆冥顽，不足长嗔笞。

见人勿多说，慎默真如愚。

接人莫轻率，忠信持谦卑。

从来为己学，慎独乃其基。

纷纷多嗜欲，尔病还尔知。

———————————

① 阳明的两个仆从。

到家良足乐，怡颜报重闱。
昨秋童蒙去，今夏成人归。
长者爱尔敬，少者悦尔慈。
亲朋称啧啧，羡尔能若兹。
信哉学问功，所贵在得师。
吾匪崇外饰，欲尔沽名为。
望尔日惶惶，圣贤以为期。
九兄及印弟，诵此共勉之。

二十二、巡抚南赣

正德十一年（1516），阳明四十五岁

　　江西南赣地方，东接福建，南连广东，西邻湖南，是四省要区；而且山险林深，盗贼最易盘踞，四出窥伺劫掠，大为地方之害。从前，陈金、俞谏等，先后领兵前往搜讨，未能尽捣巢穴，官兵去后，他们依旧啸聚横行。横水、左溪、桶冈，有个大贼首叫做谢志珊；上中下三浰头，有个大贼首叫做池仲容，都聚众称王，劫掠府县。大庾贼首陈曰能，大帽山贼首詹师富，又互通声气，遥相应合。于是江西、福建、广东、湖广交界一千多里地方，遍处是贼，声势浩大。不但府县个个听命于贼，连江西巡抚文森，也束手无策，托疾避去。朝廷闻知，大为震恐。兵部尚书王琼，知阳明才堪大用，一力保奏。朝旨下来，升授阳明为都察院左佥都御史，巡抚南、赣、汀、漳等处，阳明上疏恳辞，朝廷不允，督旨益严，阳明受命南下。当时大臣中就有人说："阳明此番前去，必定立功。"也知他的学养功夫，已到火候了。

二十三、江西平寇

正德十二年（1517），阳明四十六岁

阳明一路进发，行到江西吉安府万安县地方，忽报流贼数百，沿途劫掠，商船不敢前进。阳明下令联合商船，结成阵势，扬旗鸣鼓，准备开战。流贼瞧见官兵声势厉害，一齐拜伏岸上，大呼道："饥荒流民，乞求赈济。"阳明把船停泊岸傍，差人晓谕贼众道："本院到得南赣，即便差官前来，抚插尔等，尔等各安生理，毋得作歹为非，自取杀戮。"流贼听罢，个个怕惧，一齐散归。行到正月十六日，才入南赣，告示开府。阳明暗暗打听，知道赣州人民，多数是山贼耳目，官府举动，还未做出，山贼已先得知。衙门里有个老隶，最为奸滑。阳明侦探着实，出其不意，把他传进卧室，厉声喝道："事到如今，只有生死两路，听你的便罢？"老隶情知奸情败露，抵赖不过，只得一一实说，叩头免死。阳明转打了个利用他的主意，仍旧声色俱厉地说道："今日赦你一死，以后得知贼情，不许隐瞒，倘有报告不实，便难活命。"老隶叩头退出。

阳明要杜绝盗贼踪迹，先编十家牌法：使十家为一牌，详开各户籍贯、姓名、年貌、行业，日轮一家，沿门按牌查察，一遇面生可疑之人，立刻报告审问，倘有隐匿，十家连坐；一面告谕父老子弟，务要父慈、子孝、兄爱、弟敬、夫和、妇随、长惠、幼顺，小心以奉官法，勤谨以办国课，恭俭以守家业，谦和以爱乡里，心要平恕，毋得轻易忿争，事要含忍，毋得辄兴词讼，见善互相劝勉，有恶互相惩诫，务兴礼让之风，以成敦厚之俗。这是阳明第一件正本清源的办法。

第二件，要去平寇，须练兵。从前赣南一带，每闻盗贼猖獗，就会奏请调土军狼达，往返费时，縻费钱粮，待得兵集举事，盗贼已经退居山谷，一个不见，打听得官兵班师，他又四出骚扰。如此日积月累下去，不但屡失机宜，反大张盗贼气焰。当下阳明细细一想，这临时调兵和长期屯兵两种办法，都极不妥，非选练民兵，断难收功。即暗暗传知四省兵备官，从各属弩手、打手、机快等项，挑选骁勇绝伦、胆力出众的，每县多或十余名，少或八九名，合计江西、福建二兵备，大约各五六百名，广东、湖南二兵备，大约各四五百名，中间倘有魁杰出众的，多给粮饷，升做将领，把南赣兵备做大本营，自行编选，其余四兵备官，从每县原额数内拣选可用兵士，酌留三分之二，委该县贤能官统练，专门守城防隘，余下一分，拣选疲弱不堪的，豁免差役，只出工食，追解该道，以益募赏。所募精兵，专随各兵备官屯扎，另行选官，分队统带，认真教习。如此一来，各县屯戍的兵，足以护守防截。兵备召募的兵，可以应变出奇。

阳明布置妥当，密令各省兵备官调兵要道，分断山贼，使他彼此不得连络；又委官统领，准备夹攻。各山洞贼，都以为阳明初到，虽然各方新有设备，究竟兵力薄弱，又把些文绉绉书生出身的府县官，充当将领，哪里够得一阵厮杀，暗间好笑，打算趁此机会，集齐众贼，杀个下马威，好教阳明安身不得，便也暗暗调动，准备大杀。阳明探听明白，心中大喜。急忙密令诸将道："各山洞贼，既离巢穴，利在速战，各军可乘险设伏，厚集以待，各乡村往来路径，各张疑兵，使他进无所获，退无可据，不过旬日，可以生擒，一违节制，便当军法从事。"各军得令，安排去讫。阳明知道军门里许多门皂、门军、吏书，连那市上阴阳占卜人等，都和山贼私通，日在官府左右，打听动静，不但言出于口，贼已先知，连官府的意向颜色，贼都晓得。阳明便故意指东说西，指西说东，混乱他们观听，又常常叫进阴阳，命他择日出师，阴阳择定日期，他偏不用，有时决定依用，到临时忽又中止，有时明令整兵饱食，准备出发，却又按兵不动，弄得各山洞贼，满心生疑，六神无主。

谁知阳明从正月十六开府，不过十日，已布置妥帖。密令各路从径道进兵，行至长富村，遇贼大战，擒斩拿获无算。贼败奔象湖山，依险把守，官兵追到莲花石，安营对垒，南方广东兵，也急急赶到，打算前后合围，山贼见势不佳，舍命突围而出，指挥官覃桓、县丞纪镛，马陷阵亡。诸将纷纷进帐，力请奏调狼兵，待到秋令，再行大举。阳明怒责诸将失机之罪，使立功自赎，把贼党和官兵双方情势，透彻申明。于是亲率锐卒，进屯上坑，就佯借诸议论，假意传令犒众退师，候来岁秋令，再行大举，借此懈怠贼心。却巧广东布政使邵黄，路遇到此。阳明暗自欢喜，一面差义官曾崇秀，密探山贼虚实，果然疏懈，不做准备。即选兵分三路，约定二月十九日，趁着月光未明，衔枚并进，守据隘口；一面借护送邵黄为名，领兵从官道出发，掩饰众贼耳目。到得夜半，阳明自领百骑，传令合捣象湖山老巢。那时，山下要隘，尽被三路官兵夺去，贼兵分据绝径，跳跃如飞，骁勇非常。官兵步步上逼，贼在上层峻壁，把滚木礌石，四面飞打下来，死守不退，官兵奋勇鏖战，自辰至午，喊声振地。福建、广东、湖南三省奇兵，又从间道鼓噪突登，贼才大败惊窜，官兵乘胜追杀，分路收捕。福建兵攻破长富村等贼巢三十余处，广东兵攻破水竹、大重坑等贼巢十三处，斩杀贼首詹师富、温火烧及贼党七千有余，俘获牛马货物无算。前后不过三月，漳南数十年盗寇，全数扫平。上疏奏捷，不居己功，从征将士，奏请敕赐奖赉，升赏有差。四月，班师回赣，设立兵符，认真演习，准备扫荡横水、左溪、桶冈、浰头诸大寇，并在河头地方，奏设平和县，治理山民，永绝后患。

九月，朝廷有旨下来，升授阳明为提督南、赣、汀、漳等处军务，并给旗牌，得便宜行事。那时漳寇虽然平定，乐昌、龙门一带许多贼巢，还啸聚不散。阳明本意，着重抚化，非到万不得已，才用兵剿伐，便差人携带牛、酒、银、布，前往犒赏，并发一道极痛切的告示，晓谕他们道：

人之所共耻者，莫过于身被为盗贼之名；人心之所共愤者，莫过于身遭劫掠之苦。今使有人骂尔等为盗，尔必愤然而怒；又使人焚尔室庐，劫尔财货，掠尔妻女，尔必怀恨切骨，宁死必报。尔等以是加人，人岂有不怨者乎？人同此心，尔宁独不知？乃必欲为此，其间想亦有不得已者。或是为官府所迫，或是为大户所侵，一时错起念头，误入其中，后遂不敢出。此等苦情，亦甚可悯。然亦皆由尔等悔悟不切耳。尔等当时去做贼时，是生人寻死路，尚且要去便去。今欲改行从善，是死人求生路，乃反不敢耶？若尔等肯如当初去做贼时拼死出来，求要改行从善，我官府岂有必要杀汝之理？尔等久习恶毒，忍于杀人，心多猜疑。岂知我上人之心，无故杀一鸡犬尚且不忍，况于人命关天？……

我每为尔等思念及此，辄至于终夜不能安寝，亦无非欲为尔寻一生路。惟是尔等冥顽不化，然后不得已而兴兵，此则非我杀之，乃天杀之也。今谓我全无杀人之心，亦是诳尔；若谓必欲杀尔，又非吾之本心。尔等今虽从恶，其始同是朝廷赤子。譬如一父母同生十子，八人为善，二人背逆，要害八人；父母之心，须去二人，然后八人得以安生。均之为子，父母之心，何故必欲偏杀二子，不得已也。吾于尔等，亦正如此。若此二子者，一旦悔恶迁善，号泣投诚，为父母者，亦必哀悯而赦之。何者？不忍杀其子者，乃父母之本心也。今得遂其本心，何喜何幸如之；吾于尔等，亦正如此。闻尔等为贼，所得苦亦不多，其间尚有衣食不充者。何不以尔为贼之勤苦精力，而用之于耕农，运之于商贾；可以坐致饶富，而安享逸乐，放心纵意，游观城市之中，优游田野之内。岂如今日，出则畏官避仇，入则防诛惧剿，潜形遁迹，忧苦终身，卒之身灭家破，妻子戮辱，亦有何好乎？

尔等若能听吾言，改行从善，吾即视尔为良民，更不追尔旧恶。若习性已成，难更改动，亦由尔等任意为之。吾南调两广之狼达，西调湖湘之士兵，亲率大军，围尔巢穴，一年不尽，至于两年；两年不尽，至于三年。尔之财力有限，吾之兵粮无穷，纵尔等皆为有翼之虎，谅亦不能逃于天地之外矣。呜呼！民吾同胞，尔等皆吾赤子，吾终不能抚恤尔等，而至于杀尔，痛哉！痛哉！兴言至此，不觉泪下。

这道告示张贴出去，果然有气质好些的酋长，像黄金巢、卢珂等，率众来降，情愿效死答报。独有那江西、湖南、广西三省接近的桶冈、横水等贼巢，和江西、广东、福建三省接近的浰头等贼巢，恃着贼兵众多，横行不改。到了十月，忽闻横水、桶冈的大贼首谢志珊，率领大贼钟明贵、萧规模、陈曰能等，并约合乐昌贼首高快马，大修战具，添造吕公车，趁着广东官兵有事府江，想要攻破南康，乘虚入广，希图大举。

那时湖广巡抚都御史陈金，差人下书，请三省夹攻。阳明因

222

传集府中从事，商议破敌之计，大家纷纷不定。阳明道："桶冈、横水、左溪诸贼，荼毒三省，为害虽同，事势却各不相同。从湖广方面论，桶冈是咽喉，横水、左溪是腹心；从江西方面论，横水、左溪却是腹心，桶冈便成羽翼。目下我兵坐镇南赣，当然要拿江西做本位，倘不除去江西腹心之害，反和湖广夹攻桶冈，进兵两寇右上间，腹背受敌，势必不利。今我出其不意，进兵速击，可以得志。横水、左溪得手，再攻桶冈，便势如破竹了。"即升帐传令，命指挥郏文领兵千余，从大庾县义安一路前进；知府唐淳领兵千余，从大庾县聂都一路前进；知府季敩领兵千余，从大庾县稳下一路前进；县丞舒富领兵千余，从上犹县金坑一路前进；自己也领兵千余，从南康进屯至坪。约期十一月初一日，诸军齐会，直捣横水老巢。又领副使杨璋、参议黄宏，监督各营官兵，往来给饷，在后催促。十月初七日，各哨齐发。初十日，阳明行到至坪，探卒报说："贼在各地险隘，设着滚木礌石。"阳明暗想贼已据险，势难即近，便率兵乘夜催进，离贼巢三十里下寨，派人伐木立栅，开堑设堠，阳为久屯之计。贼首谢志珊也出来探望，只道大兵未集，战期还远，又料必约湖广兵夹攻桶冈，然后回兵再攻左溪、横水。如此，正好放他过去，在后袭击。计算已定，暗自欢喜。

　　阳明安营已毕，便差人召集许多善于登山的樵夫，合着乡兵，派官分领，共约四百人，各给一旗，多带快炮钩镰，从间道攀山崖而上，分布远近山顶，多掘灶炊，预备草茅，约定时刻，张立旗帜，举炮纵火相应。又令千户陈伟、高睿，各领数十名壮士，缘崖而上，专夺贼险，尽发其滚木礌石，也约期行事。十二日黎明，阳明进兵到十八面隘，贼依险迎敌，两军正在酣战，忽觉远近山顶，炮声如雷、烟焰四起，官兵旗号，处处飘展，各路又呼哨进逼，铳弩齐发，山贼惊惶失措，以为各处巢穴都被攻破，便弃险乱退。不料指挥官谢昶、马廷瑞突入贼巢，到处纵火追杀，贼军退无所据，各路官兵，又如期合围，才大败奔溃。生擒大贼首谢志珊，斩获贼首五十六名，首级二千一百六十八颗，拿到贼属二千三百二十四名，其余军仗、牛、马什物，不计其数。阳明见连日雾雨，便下令休战犒赏。

二十七日，诸将请乘胜进攻桶冈。阳明知道这桶冈是个天险，四山壁立万仞，中间盘旋百余里，连峰插天，处处深林绝谷，不见日月，便传向导询问，向导回说："桶冈山贼出入要道，只有锁匙笼、葫芦洞、茶坑、十八磊、新池五处，处处架栈梯壑，攀悬绝壁而上。只有上章一路，稍微平坦，却在湖广那边，绕道过去，须得半月路程。"阳明听罢，暗想贼据天险，坐发礌石，已足敌我，倘使劳师远进，又极不便，况且横水左泾余贼，都逃入桶冈，同难合势，守战必用全力，如今要想乘全胜之锋，兼三日之程，争百里之利，去屯兵险地，真是"强弩之末势，不能穿鲁缟"了。想罢，决计把大营移屯近城，休兵养威，派人前往晓谕，乘他犹豫之际，暗暗发兵袭击。便传令将擒获贼目钟景，押进帐中，命释其缚，放回山去，劝令投降。当下钟景奉命而行，遁入贼营，见过大贼首蓝天凤，约会众贼，到锁匙笼聚议。横水、石溪奔来的贼众，坚持不降，往返迟疑，把准备迎敌的事，掉在脑后。那天早晨，天方大雨，各贼会议未散，忽见各地败兵纷纷报来说："四山险隘，都被官兵攻破。"众贼闻信，都惊惶乱散。蓝天凤镇压不住，急急驱遣男女贼众一千余人，把住内隘绝险，隔水列成阵势。安排未毕，见官兵渡水来击，分部左右夹攻，支持不得，且战且退，战到午刻，雨止天晴，官兵格外鼓勇前进，贼才大败。

这样险地，阳明怎样能取胜呢？原来阳明命钟景去后，即传令县丞舒富，领兵数百，屯扎锁匙笼，逼贼出降，令知府邢珣进兵茶坑，知府伍文定进兵西山界，知府唐淳进兵十八磊，知县张戬进兵葫芦洞，一律限那月晦日，乘夜赶到分地。各兵到时，果见贼兵不备，奋力进攻，大破贼巢三十余处，擒斩大贼首蓝天凤等三十四名，从贼首级一千一百零四颗，生擒贼属二千三百零一名。阳明一面料理善后事宜，一面上章奏捷，并请在上犹、大庾、南康三县中间，添设崇义县治，分设巡检司，扼守要害。到了十二月，班师回赣，路过南康，百姓沿途顶香迎拜，所过州县隘所，大家建立生祠，远乡民户，各画像祖堂，岁时拜祝。

当年审问大贼首谢志珊时，阳明道："你这许多党羽，怎样得来的？"志珊答道："也不容易。"阳明便问："怎样？"志珊道："平生遇着世上好汉，断断不轻易放他过去，百计钩诱：知他爱喝酒，便尽量纵他喝个痛快；知他没钱使，便竭力去周济他。待他感恩知德，和他说出实情，就没有不答应的了。"阳明听着这番诱人做贼的话，心中大受感触，退堂下来，和随从的门人说道："我们儒家一生求朋友的好处，与这个难道有二样么？"

二十四、征服三浰

正德十三年（1518），阳明四十七岁

阳明自到南赣开府，虽然天天在那里策划平寇方略，征剿安抚，政务忙碌，却并不把提倡孔孟学说的大事，一刻忘掉，依旧和门人讲说，也常常给信一班学者，去勉励他们，看戊寅年（即本年）与人论学的书，也就很多，中间有两句说："此间朋友，聚集渐众，比旧颇觉兴起。"便可知道。又看他与薛侃书，借题发挥，警惕不少，略道：

即日已抵龙南，明日入巢，四路皆已如期并进，贼有必破之势矣。向在横水，尝寄书仕德云："破山中贼易，破心中贼难。"区区剪除鼠窃，何足为异？若诸贤扫荡心腹之寇，以收廓清平定之功，此诚大丈夫不世之伟绩。数日来，谅已得必胜之策，奏捷有期矣，何喜如之！……

湖广闽赣四省交界诸寇，次第平定，只有浰头山贼池仲容，又叫做大鬓，依然聚众称王，扰害百姓。阳明上年去攻横水时，深恐浰头乘其间隙，便派人多发告示，劝令投诚。众贼看了，大家感动，情愿为善。独有那池仲容和众贼道："我等做贼，不是一年，官府来招，也不止一次，纸上说话，怎么凭信？且待金巢等投降以后，果然没事，再作计议。"那浰头贼黄金巢等，天良发现，情愿去做新民，池仲容留他不得，只好听其出山。

金巢等投到军门，阳明释其罪恶，推诚安抚，新民个个悦服，于是选出五百人，随征横水。后来池仲容听得横水攻破，心中着实怕惧，然而他那良心，依旧一丝没有萌动，看看兵机一天迫似一天，便想出一条缓兵之计，命他的兄弟池仲安，带领老弱二百余名，假意投奔军门，情愿随众效死，好乘机探看虚实，准备内应。阳明是心学功夫最深的人，他那一颗心，像明镜一般，当下把池仲容的来意，照个透亮，但他有一个主张，以为世上没有不可化的人类，便将计就计，想去教育一番，即刻受降，把来众妥为安置，小心提防。待得进兵桶冈，命池仲容带领部下，到上新地去截路，使他消息隔断，路远难归。那时池仲容已竟疑惑不定，后来闻得桶冈又破，格外发急，才大修战备，准备迎敌。阳明也差人前往，赏赐浰头各酋长牛、酒，借此观察动静。池仲容情知隐饰不过，对来使诈说，龙川新民卢珂、郑志高、陈英等，将来掩袭，所以预做防备，并非忧虑官兵。差人回报，阳明佯为听信，大怒卢珂等何得擅兵仇杀，立刻派官查察实情，并传令伐木开道，将回兵浰头，取道讨伐。贼众闻知，且喜且惧，也差人来到军门叩谢。

原来卢珂等本是龙川旧招新民，部下有三千人马，却被池仲容威势所逼，封做金龙霸王，本心不愿从贼，闻得阳明声威远大，卢珂便收拾伪官爵印信，赶来自首，正值阳明假意发怒之时，装做不信，暗暗嘱付行杖人手下留神，喝令将卢珂捆绑起来，打了三十大杖，押入牢中，又使人密告用意。卢珂心中明白，派人回去整顿兵马，听候调遣。阳明又差人到浰头用好言慰谕池仲容，暗中结纳亲信头目，劝同部下自来投诉，然后班师回赣。这是上年闰十二月的事。

阳明回到赣州，召巡捕官入内，佯言道："如今大征已毕，又值时和年丰，这也是难得的奇事，可传令民家，盛作鼓乐，大张灯彩，官民同乐。闻得那些乐户们，现多住龟角尾，恐招盗匪，可一律迁入城中。"又下令大享将士，散兵归农，示不再用。于是赣州城中，家家张灯，处处击鼓，商旅云集，百戏争奇，贼众打听明白，自是欢喜，也就解严不备。那池仲容心中，究竟有些疑惑，和亲信贼目言道："若要伸，先用屈，赣州的伎俩，必须亲去勘破才好。"于是率领麾下悍首九十三人，亲来赣州。阳明探得池仲容果然上路，密派人先行各属，勒兵分哨，候报出发，又派千户孟俊、督领卢珂部下防变。那池仲容到得赣州，安营教场，自与数人亲投军门进见。阳明一看，厉声喝道："尔等都是我的新民，为什么不全体进见？反安营教场，难道还疑心我么？"仲容听罢，惶恐不堪，连称："不敢冒昧叩见，所以安营在外，听候大府命令。"阳明便差人引他们到祥符宫安住。贼众瞧见屋宇清洁，各各欢喜，这是上年闰十二月二十三日的事。

自此府中官僚，逐日盛设羊酒，轮流犒赏，把池仲容绊住馆中，又制成青衣油靴，教贼众学习礼节，借此考察他们志意的向背。无奈那些山野悍贼，良心沦没已久，贪残成性，不可教化，常常出外吵闹滋事。城中士民，怨声载道，都说阳明养寇贻害。阳明闻知，才有杀伤他们的意思。过了数日，池仲容禀辞回山。阳明道："此去三浰，须得八九日路程，今年未必赶得到，新正又要来，赶拜正节，何必这样自取劳苦呢？况且今灯彩正盛，还是盘桓数天，到正月回山罢。"池仲容只得听命，天天喝酒看灯，过残年，拜罢元旦正节，即又禀辞。阳明道："待吾犒赏正节，再行动身。"正月初二日，传令有司，大飨于祥符宫中，准备明日大宴。当晚密令龙光，暗领甲士，设伏府中。初三日早，引池仲容等入府，出其不意，个个擒拿，阳明升堂推问，拿出卢珂告状，掷与池仲容观看。池仲容无法抵赖，只得招认，便分别监斩。事讫，阳明暗想不能感化诸贼，必致杀戮，心中着实不快。到了午上，竟眩晕呕吐，水浆不入。

当日晚间，阳明依旧起来，急急传令催发各县属兵，限初七日入巢。各哨兵多从径道疾进，自己也率领帐下官兵，从龙南冷水直捣下浰大巢。众贼散处不备，忽闻官兵四路并进，惊惧出御，尽发精锐千余，据险设伏，并力迎敌于龙子岭。官兵聚做三冲，犄角而前，大战良久，贼连败连战，奋击数十合，才失上中下三浰。官兵共破贼巢三十八处，擒斩贼首五十八名，从贼二千余名，余贼都向九连山，狂奔而去。

那九连山在广东惠州连平东面，周围数百里，四山石壁峭绝，环连九县，比浰头形势，格外猛恶，是个著名老巢，离浰头又须半月路程。阳明因为大功将成，怎肯放过，领兵急急追赶，将到九连，探得贼已据险，且把大兵就林木深处，暗暗扎住，另选精兵七百，取出浰头搜来贼衣，个个换上，候着暮色苍茫的当儿，装做败奔模样，直向山贼所据的崖下间道，狂奔而过。贼众以为同党，多从崖下招呼，官兵也假意应答，贼众疑信参半，不敢攻击，官兵渡险，即转入山上，断其后路。当夜阳明料定兵已深入，必能得势，预令各哨官兵，四路埋伏，遇贼邀击。

次日，山贼探明误放官兵入据要隘，急合力击打，官兵反客为主，从上下击，贼兵正支持不来，忽又闻西路伏兵大起，吓得惊惶乱窜。谁知去路尽断，哪里得脱？当下官兵擒斩无算，获男妇牛马器物，不计其数。贼余党张仲全等二百余人，以及远近村寨，一时被贼胁迫，从恶未久的，势穷计迫，都聚在九连山谷中，呼号痛哭，诚心投降。阳明派知府邢珣，前去验实，酌量责治。珣录名数，安插在白沙地方。阳明一面上章告捷，一面相度地形，在浰头奏设平和县治，留兵防守。阳明班师回赣，一路百姓焚香遮道，歌功颂德，不必细表。

二十五、布告教育宗旨

正德十三年（1518）四月，阳明四十七岁

　　赣州民风鄙野，又多和盗贼相通，那时可算得没有文化。阳明因为盗贼稍平，民困渐息，急急把增进社会文化，看做根本上第一件大事。要增进文化，全仗兴学；兴学有效，全仗教育；教育得法，全仗教师懂得儿童心理，这是一定的顺序。明朝的小学，叫做"社学"。当下阳明班师回赣，即告谕所属各县父老子弟，兴立"社学"，延师教练。阳明规定"教条"颁行各处，又做了一篇训蒙大意，布告教读刘伯颂等道：

　　今教童子，惟当以孝弟忠信礼义廉耻为专务。其栽培涵养之方，则宜诱之"歌诗"，以发其志意；导之"习礼"，以肃其威仪；讽之"读书"，以开其知觉。令人往往以"歌诗""习礼"为不切时务，此皆末俗庸鄙之见，乌足以知古人立教之意哉！大抵童子之情，乐嬉游而惮拘检，如草木之始萌芽，舒畅之则利达，摧挠之则衰痿。……故凡诱之"歌诗"者，非但发其志意而已，亦所以泄其跳号呼啸于咏歌，宣其幽抑结滞于音节也；导之"习礼"者，非但肃其威仪而已，亦所以周旋揖让而动荡其血脉，拜起屈伸而固束其筋骸也；讽之"读书"者，非但开其知觉而已，亦所以沈潜反复而存其心，抑扬讽诵以宣其志也。……若责其检束而不知导之以礼，求其聪明而不知养之以善，鞭挞绳缚，若待拘囚。彼视学舍如囹狱而不肯入，视师长如寇仇而不欲见，窥避掩覆以

231

遂其嬉游，设诈饰诡以肆其顽鄙，偷薄庸劣，日趋下流。是盖驱之于恶而求其为善也，何可得乎！

这一篇"训蒙大意"，倘把他细细演示出来，可以成一部"阳明教育"的专书。他所以能够发现这极有价值的"儿童心理学"，和这极有价值的"教学科目"，都从他的"良知哲理"里面化生出来的。而且他的根本教育，完全注重小学，是中国从前教育家中有数的主张。他既然注重小学，所以对于小学教师，看待极重，督责也就极严。阳明一面兴立"社学"，一面举行"乡约"，常常劝谕，时时查察，出入街市，遇着人民叉手拱立，表示敬意，立刻赞赏训诱。经过这一番倡导，居然赣州市民往来街市，都冠服整齐，仪态雍雍，里巷村麓，到处有"歌诗""读书"之耳。从前鄙野之风，就此大变。

那时确有两件事，不但引起当时学者的争论，还惹动后世学者的许多考证。第一件是刻《古本大学》，第二件是刻《朱子晚年定论》。这两件事，读者须另行研究，不再细表。还有表章陆象山的后代，和修濂溪书院两件事，也与学风很有关系。

二十六、平定宸濠

正德十四年（1519），阳明四十八岁

赣南一带，盗贼稍平，朝廷嘉奖阳明功绩，升授都察院右都御史，荫子锦衣卫，世袭副千户。阳明一再上疏，恳请放归田里。大臣中忌他的，多主张准其所请，独有尚书王琼，预料江西宁王宸濠，必将谋反，竭力要安置阳明在江西，暗暗防变。却巧有福州三卫军人进贵等胁众谋反，就借此奏明正德，命阳明前往福建，勘处叛军。阳明乞休不准，只得奉旨，在六月九日动身。十五日午上，行到丰城县界，忽见知县顾佖，仓皇迎来，禀说："宁王宸濠，胁众叛国，且发兵前来追劫。"阳明听罢，默然不语。

原来江西宁藩，世有异志，传到宸濠，格外奸恶。正德初年，宸濠就内通太监，外结奸豪，闻得安城举人刘养正，能诗能文，名重一时，竭力招进府中，装做尊贤礼士的幌子，去鼓动人心，日夜毒害富民，收刮财物，放纵大贼闵念四、凌十一等，四出劫掠，屯粮聚金，招兵买马，想学他老祖宗燕王棣的故事，入承大统。一天，正德在宫，看到宸濠暗嘱江西当道颂扬自己的"贤孝"一疏，便疑道："保官好升，保宁王贤孝，他要怎样呢？"当下有个太监闻知，把正德疑心的话，出宫传语大臣。于是各大臣有暗中主持的，有明里奏发的。正德准奏，特差太监赖义、驸马都尉崔元、都御史颜颐寿，前往江西宣谕，并革除他的护卫。

然而，正德肯毅然决然地下这道敕旨，暗中还有一个缘故：

那时有个伶官，叫做臧贤，正德最为宠幸，宸濠闻知，特差秦荣北上，借着学习音乐的名儿，私送白银万两、金丝宝壶一把，巴结得臧贤满心欢喜，甘心和宸濠私通。从此，宸濠的著名侦探林华等，多藏在臧贤家中。臧贤特地把家屋造复壁，外面看去，只见一座一座的木橱锁着，把橱门开将进去，便是一道长巷，暗通密室，躲藏逃避，十分妥便。一天，正德游幸臧贤家中，臧贤取出那金丝宝壶来斟酒。正德看时，精巧可爱，因问臧贤从何处得来，臧贤恃着皇上宠爱，并不隐瞒。正德道："宁叔为何不献给我呢？"那时小刘（亦是伶人，新得正德之宠）随驾在侧，深恨宸濠没有孝敬到他，便把正德的话，记在心头，回得宫来，笑着对正德道："爷爷倒还想宁王的物事呢，宁王不想爷爷的物事就够了！难道记不得江西当道荐的疏么？"正德一听，心中大疑，才准诸大臣所奏，一面差官南下，一面查抄臧贤家。林华闻信，急从复壁脱逃，星夜策马南下，飞报宁王。

正值宁王诞辰，大会宴乐，忽闻警报，大家面面相觑，草草散筵。宸濠召心腹计划，刘养正道："事已危急，明日众官入谢，即可行事。"当夜，集兵以待。明早，诸司入谢，宸濠出立露台，大声宣言道："你们知得大义么？"御史孙遂等应口反对。宸濠大怒，立命左右拿下，拖出惠民门斩首。午上，黑云密布天空，阴暗异常，宸濠下令围劫镇、巡诸司下狱，收夺印信，众官有不屈而死的。宸濠便设立属官，命刘吉、余钦、万锐等为太监，迎接李士实为太师，刘养正为国师，闵念四等多为都指挥，其余官属，不必细述，传檄远近，改易年号，分派亲信，四出收兵，招罗亡命，逼勒壮丁。一时兵势浩大，人人震恐。丰城知县顾佖闻信，才飞报阳明。

那时，阳明默然良久，暗想手下无兵，仓促之间，又征调不及，如此怎好勤王？想了一会，阳明决计打定主意赶回吉安，再定办法，却值南风大作，船家又听得宸濠发兵追来，吓得不敢回船，便借"逆流无风，不好开行"的话，回绝阳明。阳明仰天长叹道："天若哀悯生灵，愿即反风，若无意生民，我王守仁无生望了！"不一刻，风势渐转，张帆尽起，船家依然不动。阳明大怒，抽出佩剑，顿把船家的耳朵割下，才回船进发。阳明也知道自己据着南昌上游，宸濠要断绝后顾之患，决不会轻易放过，必有追兵前来，势将不利，便心生一计，随把衣冠脱下，和麾下一人两相换过，命那人安坐大船，自己暗与幕士萧庾、雷济一班人，悄悄唤条渔船，暗伏舱中，急急向吉安进发。那大船行未一刻，果见宸濠派内官喻才，领兵一千多名，飞追而来，袭劫大船，拿住假阳明，将要杀死，一人道"杀了他有什么好处"，才舍下大船，四下追寻而去。

当夜，阳明行到临江，知府戴德孺大喜，请入城调度。阳明道："临江地临大江，又与省城相近，是个冲道，不如吉安为便。"又把宸濠的进兵方略，细细推想，分做三条计策，和幕士道："宸濠若出上策，直向北京，出其不意，国家就很危险了；如若出中策，顺流而下，东去南京，大江南北，也要被害；如若出下策，仅仅据着江西省城，那勤王的事，还容易做得。"阳明说到这里，胸中灵机独断，看定第一要着在这南北两京没有准备的当儿，必须阻挠他迟留省城一月半月，然后好集兵牵制，待得南北两京有兵赶到，更成了个夹攻之势，事便易举。阳明却喜自己有便宜行事的特权，就连夜和幕士造成许多文书，假说奉朝廷密旨，又备有兵部题咨，行令两广、湖、襄及南北两京，各命将出师，暗伏要害地方，候宁府兵到，要击袭杀。阳明取得伶人数名，多给安家银两，将文书分缝袷衣絮中，令赶到伏兵处所，飞报窃发日期。将发，忽报捉到宁王太师李士实家属，即命捆缚船梢，又故意做作一番，教他们看明那事。伶人去讫，阳明假意大怒，令将李士实家属，牵上岸去，斩首报来，又暗中使人偷放。士实家属，逃到宁府，把船中所见，备细说知。宸濠立刻派人寻缉，果然拿到伶人，从袷衣絮中搜得文书，遂不敢妄动。后来宸濠又搜到许多文书，说许泰、郤永分领边军四万，从凤阳陆路并进；刘晖、桂勇，分领京边官军四万，从徐淮水陆并进；王守仁领兵二万，杨旦等领兵八万，陈金等领兵六万，分道并进，克期夹攻南昌。宸濠忽又搜得李士实、刘养正愿做官兵内应的书信，闵念四、凌十一投降官军的密状。这些把戏，都是阳明一人所玩，弄得宸濠惊疑不定，益发留兵省城，不敢妄动。

阳明探明宸濠中计，暗暗欢喜，四天四夜，赶到吉安。知府伍文定接着，喜极不堪，军民遮道呼号，进得城中，略略抚慰，一面上疏告变，请命将南下征讨；一面传檄四方，露布宸濠罪状，激励列郡起兵勤王。奏章到京，尚书王琼与众大臣道："王守仁在南赣，据南昌上游，反贼必被擒拿，不久，定有捷报。但非命将南下，去助他的声威不可。"因奏明正德，命南和伯方寿祥防江都，御史俞谏领淮兵护卫南都，尚书王鸿儒供给粮食。然后下令，王守仁领南赣兵从临江、吉安一路进攻，御史陈金领湖兵从荆、瑞一路进攻，李充嗣守住镇江，许廷光镇守浙江，从兰镇守仪真。另传檄江西各路，如有忠臣义士，能起义师擒拿反贼者，功成封侯。

宸濠从六月中旬反叛，被阳明闹得观望不进，直到七月三日，才确知中计，懊悔不迭。即命宗支朱栱樵与万锐等，留兵万余，镇守南昌。自与宗支朱栱枅、李士实、刘养正等领兵六万，号十万，派刘吉监军，王纶参赞军务，葛江为都督，总分一百四十余队，分做五哨，浩浩荡荡，出鄱阳、过九江，顺流东下，直攻安庆！

阳明听得宸濠已经出兵，便催促各军义兵，会齐出师。他自己督领知府伍文定及通判谈储、推官王炜等，从吉安起行，到樟树。临江知府戴德孺，袁州知府徐琏，赣州知府邢珣，瑞州通判胡尧元、童琦，南安推官徐文英，赣州都指挥余恩，新淦知县李美，泰和知县李楫，宁都知县王天与，万安知县王冕，各起义兵来会，义气凛凛，将士一心，直向南昌进攻。行到丰城，阳明升帐传令，分布哨道，令伍文定攻广润门，邢珣攻顺化门，徐琏攻惠民门，戴德孺攻永和门，胡尧元、童琦攻章江门，李美攻德胜门，余恩攻进贤门，谈储、王炜、李楫、王天与、王冕等，乘七门之隙，从旁夹击，壮七军声势。阳明又听得细作报到，新旧坟厂，宸濠有伏兵一千多名，安排接应省城。阳明传令，奉新知县刘守绪，领兵四百，从山僻小道，趁夜间破贼营，摇动城中。

正德十四年七月十九日，诸军集，旗帜鲜明，部伍整肃，阳明登坛汉誓师，再宣告朝廷威德，露布宸濠罪状，约诸将一鼓附城，再鼓登城，三鼓不胜，立斩伍卒，四鼓不胜，立斩将领。宣誓既毕，诸将个个切齿痛心，踊跃奋发。将晚，众兵徐徐发动，限二十日黎明各到汛地。那时，南昌城中守备极严，滚木、灰瓶、礌石、弩机、毒箭，各种守城器械，色色完备，忽见新旧坟厂败兵狂奔而回，全城大惊。接着，又见官兵四面云集，个个震恐。不一刻，七门战鼓动地，喊声振天，义兵奋勇直前，处处搭上云梯，踊跃登城。贼兵神伤气败，舍命奔窜，南昌遂破。生擒朱拱橏、万锐等一千余人。宁府宫眷纵火自焚，延烧居民房屋，阳明急令众官分头救火，安抚军民，分释胁从，封禁库车，搜出原收大小衙门印信九十六颗。阳明一面略办善后事宜，一面分兵四路，追捕余党。南昌人心大定。

安庆据南都上游，宸濠直攻安庆，是阳明所料的中策。安庆不保，南都就岌岌可危。阳明何以不去救安庆的呢？当会师樟树时，也有人出来说，请先救安庆。阳明道："如今南康、九江，都被贼兵据住，我兵倘要越过二城，去救安庆，贼兵必回军死斗，那时腹背受敌，怎能支持？不如先破南昌，贼恐失去根据，必回兵来救，如此不但可解安庆之围，连宸濠都可坐擒。"那人才嗒嗒而退。待得阳明兵到丰城，宸濠闻报，急急引兵回救，果然不出阳明所料。

二十三日，阳明探得宸濠回兵江西，屯扎沉子港，分兵二万，来收南昌。阳明便召集将士，商量破敌之计。诸将多说贼势强盛，只宜坚壁自守，静待四方援兵到来，再谋进取。阳明道："这便失却时机了！贼势虽然强盛。却没有经过大敌，宸濠又全靠拿爵赏诱人，到如今进无去处，退无归路，兵气早已沮丧，我们趁此疾出奇兵，必败宸濠，先人有夺人之气，正是这等时候。"说罢，忽报抚州知府陈槐、进贤知县刘源清，提兵到来。进见已毕，阳明传令，伍文定、邢珣、徐琏、戴德孺各领精兵五百，出其不意，分道进攻。宸濠也发悍卒千余，从间道来攻收省城。两兵相遇，各各交锋，伍文定等因风势不顺，支持不住，只得退败。阳明闻报大怒，即欲依照军法，立将伍文定、邢珣、徐琏、戴德孺斩首示众，亲自督查。左右竭力代请，禀说："兵无统领，必要散乱，愿都堂恕伍文定等一死，让他们立功赎罪。"阳明才仍命伍军等奋死督战，继令余恩领兵四百，往来湖上，专去诱敌。陈槐、胡尧元、童琦、谈储、王炜、徐文英、李美、李楫、王冕、王轼、刘守绪、刘源清等，各领兵四百余，四面埋伏，多张疑兵，候伍文定兵接仗，包围合击。阳明分布既定，自己端坐都察院中堂，大开中门，令前后可见，和门人宾客，讲道论学，神色态度，和平时一样。

第一日，甲寅，探得宸濠已到樵舍，风帆蔽江，前后数十里。官兵急乘夜进攻，伍文定以正兵当前，余恩备后，邢珣引兵绕出贼背，徐琏、戴德孺各趋左右翼，分杀贼势，按时疾进。

第二日，乙卯，见贼兵乘风鼓噪而来，直逼黄家渡，意气甚骄。伍文定与贼略战数合，佯为败北，缓缓勒兵引退，贼兵争先冲突，前后中断。邢珣已抄到贼背，从后横击，伍文定反军夹攻，左右两翼有徐琏、戴德孺，四面有陈槐等伏兵，一齐发动，把贼兵围在核心，痛杀一阵，擒斩贼兵二千余级，落水而死的几及万人。宸濠大惧，急急收拾残部，退保八字脑。

第三日，丙辰，宸濠亲自激励将士，查明踊跃当先的，赏银千两，被伤兵士，赏银百两；又传令飞调九江、南康守城各兵，准备大战。谁知阳明闻得宸濠大败，必向九江、南康调取守兵，两城空虚，正好袭取。一旦九江得手，他在湖外就无险可据；南康得手，他更后无退路。却巧建昌知府曾屿，也领兵到来，便好分兵行事。阳明即令陈槐领兵四百，合着饶州知府林瑊部下，攻收九江；曾屿领兵四百，合着广信知府周朝佐部下，攻收南康。那日，贼兵并力冲来，盛气挑战，两下接仗，风势不顺，官兵前队稍稍退却，立刻斩首示众，伍文定挺身立于铳炮之中，胡须被炮火烧着，依然不退，督领各兵奋勇死战。忽官兵队里，飞起一个炮弹，打中宸濠副舟，宸濠吓得连连退走，贼兵大乱。官兵蜂拥过去，擒斩二千余级，落水溺死无算。宸濠败退，聚兵樵舍，连舟结成方阵，尽出金银分赏将士。阳明得报，督同伍文定等连夜预备火攻器物，令邢珣当左，徐琏、戴德孺当右，余恩等埋伏要道，候火发合击。

第四日，丁巳，宸濠闻得九江、南康失守，心中已是焦急，早朝时，严责不肯用命将士，将推出斩首，一时争论不定。谁知官兵偃旗息鼓地飞渡而来，乘风纵火，逞火掩杀，贼兵措手不及，纷纷逃命，哪里还能战斗？宸濠看看火到副舟，将士分散，妃嫔环聚左右，大哭一场，也跳入湖中。宸濠惨痛一会，正想脱身之计，知县王冕领兵一拥而入，生擒宸濠以及世子眷属。接着，各军逼入，连同党李士实、刘养正、刘吉、余钦、王纶、凌十一、闵念四等数百名，都被官兵拿住，擒斩贼众三千余级，落水的数约三万，湖中所弃衣甲、器仗、财物和浮尸，积聚一起，纵横十余里，远远望去，好像新涨了一座湖洲。余贼数百艘，四散逃窜，阳明又派官分路追剿，不许逃入他境，扰害地方。连日大破樵舍、昌邑、吴城，贼兵死伤殆尽。阳明自起兵到此，不满十日，竟把那时国家的一场大祸，烟消火灭了去。

有一班看书的，无论正史、野史里，碰到交锋打仗的事迹，便精神百倍，看过以后，还津津有味地说："某人，计策高妙；某人，义勇无敌。"全不回想某人会生出这高妙计策，某人会发动这无敌的义勇，在没有当事以前，是怎样修养成功的，这便是看书人的大错。还有人说："这等英雄豪杰，是天然生成，不完全靠着学问养成。"那人的读书，更错到十二分了。所以，我们读《王文成公全集》，全在注意阳明平日的学养，临事时的实行。那赣南山贼，原是从前地方官养成，平了他值得什么？那宁王造反，是他们姓朱的家事，平了他值得什么？就是后来思田八寨的苗民作乱，也是边疆大臣抚化不当，平了他也不值得什么。不过他人只会促成乱端，偏偏阳明一到，就会平服。即此可以见得阳明的修养，更可以见得阳明学术的切于实用了。至于那封侯拜相、荣宗荫子的虚名儿，在世俗上看得很重，在研究学术的看着，何尝值得半文呢？所以下文的一场把戏，丝毫没有价值。但是，在这把戏里面的主人公，要有很深的学养，才能够处之泰然哩。

当下，王冕将宸濠等一干叛逆，押进都察院。宸濠一见阳明，高声呼道："王先生，我愿把护卫所有，一律削尽，请降做平民，可还行么？"阳明答道："这个自有国法。"即令押送囚所，小心监视，就此拜本告捷。

那时，朝廷已差安边伯许泰为总督军务充总兵官，平虏伯江彬为提督等官，左都督刘晖为总兵官，太监张忠为提督军务，张永为提督赞画机密军务，并体勘宸濠反逆事情，及查理库藏宫眷等事；太监魏彬为提督等官，兵部侍郎王宪督理粮饷。声势浩大，直下江西讨贼。行到中途，忽闻阳明捷报，大家不由倒抽了一口冷气，于是一场孩子家玩的把戏，从此开幕。

许泰等愣住一会儿，遂商议要夺阳明头功，必须撺掇皇上亲领六师，奉天征讨，才得济事。因此，一面暗中阻止阳明捷报，一面密请正德御驾亲征。于是，就借着"元恶虽擒，余党未尽，倘不肃清，必有后患"等话头，做个大题目。原来，正德是被这班小人哄惯了的，果然自称"总督军务、威武大将军、总兵官、后军都督府太师、镇国公"，往江西亲征。众大臣竭力进谏，一概不听，竟有廷杖身死的。许泰等闻信，火速领兵直入南昌。顿时，城中大街小巷，都被兵马塞住，连行人都不能走动，阳明只得一一接见。

许泰、江彬、张忠等，傲慢非常，特设旁席，令阳明就坐。阳明暗想，一受节制，将事事听命，那还了得，便装做不知，公然上坐。许泰等没法，只好旁坐相陪，各怀恨在心，造作谣言，说阳明本与宸濠同党，听得天兵亲临，才反兵征讨，擒拿宸濠，借此脱罪。又说等到皇上南下，须一并拿问。他们称心如意的算盘，是要教阳明把宸濠安放鄱阳湖中，待正德亲与遇战，然后奏凯论功。

阳明充耳不闻，酌带精兵，押解宸濠及宫眷、逆贼情重人犯，突出南昌，将亲到御前献纳。许泰等闻知，急派人追到广信，阳明置之不理，星夜前行，过玉山到草萍驿，上疏献纳叛徒，力止御驾南征。群小阻却不报正德，阳明因暂到杭州候驾。谁知提督赞画机密军务官张永，早在杭州守候。两下相见，阳明和张永道："江西人民，久遭宸濠毒害，经此一番大乱，接着又遇旱灾，更加供给京军、边军粮饷，如此困苦重重，除掉逃聚山谷，去做盗贼，却没有第二条去路。宸濠作乱时，还是胁从；如今穷迫而成，弄得奸党群起，天下土崩。到那时，再想兴兵定乱，也就难了。"张永听罢，连连称是，也慢慢地和阳明道："我的来意，专为着皇上左右，都是小人，要想替你从中调解，并不是与那班小人前来邀功。要知现在情势，顺着圣意，还好挽回万一，倘若逆着，徒然激起小人之怒，于国家大计，毫无好处哪。"于是阳明深信张永，别无他意，即把宸濠等一干重犯付与张永去迄。

忽报皇上用"威武大将军"牌，差锦衣卫千户，前来追取宸濠，阳明不肯出迎，三司竭力苦劝。阳明道："谁能忍心阿谀。"三司又苦劝不休，阳明不得已，令参随负敕同迎入内。有司问"劳锦衣礼"，阳明道："只好给银五两。"有司准命送出，那锦衣卫大怒，不受而出。明日，那锦衣卫来辞行，阳明站起身来，握手言道："我当年坐禁锦衣狱中好久，从没有见过轻财重义像公这样的为人。昨天命有司送上薄物，只算备个礼儿，听得公竟不受，教我惶愧，我没有别的长处，只会做几句文章，将来应当表章我公，好教世人知道锦衣卫里面，也有像公这样一个好人。"说罢，再拜称谢。那锦衣卫竟不能道出一句话来，长揖而别。阳明当把平定宸濠之功，改上捷音，说全靠着"钦差总督"威德，指示方略，才得攻克坚城，俘擒元恶，归功总督军门，借此止住正德亲往江西，以减轻百姓供给。自此，阳明称病西湖净慈寺，打算不再出山。

　　张永将宸濠等押到江西，交付许泰等收管，听得正德已到南都，急急东下侍驾，乘机力言阳明尽心为国，忠诚有功，并说许泰、江彬、张忠等，要加害于他。正德遂命阳明兼巡抚江西。阳明目睹江西人民连遭困苦，恐怕铤而走险，激成大乱，因再奉旨回任。许泰、江彬等正挟着宸濠，百般搜罗，军马屯聚，横行糜费。随军纪功给事祝续、御史张纶，又望风附会，造作谣言，中伤阳明。

　　阳明进得省城，只见沿路北军，对着他肆坐谩骂，故意来冲道寻衅。阳明如无其事，处处以礼相待。城中居民，早预令巡捕官暗暗嘱咐，收拾细软，移住四乡，只剩老弱守门，打算犒赏北军，许泰等预令禁止，一个不准收受。阳明因传示内外，告谕北军离家苦楚，居民务要竭尽主客之礼，又常常出院视察，遇见北军死丧，特地停车询问，给送棺木，妥为殡殓，徘徊嗟叹，良久才去。北军感动天良，个个叹服。看看冬至节近，阳明传令城中，分奠遇难、遇亡之鬼魂。市民新遭战祸，男女老幼穿着素服，提着纸钱，都悲悲切切地走来哭亡酹酒，声闻不绝。北军听着，个个触动思家之念，多拥到军门，涕泣求归。阳明每和许泰等会话，端身正色，一言不苟。许泰等见着，心中就有几分畏惧，竟奈何他不得。

　　后来，许泰等想到阳明是个文弱书生，断然不通武术，却喜自己长于弓马，因约阳明较射，好当众侮辱一番，发泄胸中闷气。约书过去，阳明勉强答应。当日，各军会齐教场，甲仗鲜明，部伍齐整，如临大敌。城中市民，也哄动一时，挤来观看，许泰、江彬、张忠等各与阳明见礼完毕，措手齐声请教。但见阳明不慌不忙，跨上马背，流上箭道，别有一样儒雅风流的态度。看看马蹄渐紧，阳明钩弓搭射，照中红心，"飕"的一响，射个正着。北军哄然举手，全场彩声如雷，说时迟，那时快，阳明三发三中，北军举手呼跳如狂。许泰等大惧道："咱们北军，难道都归附王都堂了么？"便即日商议班师。